AF261822

ENCORE HÉAUVILLE

SUPPLÉMENT

AUX

NOTES HISTORIQUES SUR LE PRIEURÉ CONVENTUEL D'HÉAUVILLE A LA HAGUE

PAR

L'ABBÉ LOUIS COUPPEY

Curé de Clitourps (Manche)

ÉVREUX

IMPRIMERIE DE L'EURE

1901

A monsieur Léopold Delisle
membre de l'Institut, Administrateur
général de la Bibliothèque Nationale,
très respectueux hommage de l'auteur.

Clitourps 1 janvier 1902

L. Couppey
c. de Clit.

ENCORE HÉAUVILLE

SUPPLÉMENT

AUX

NOTES HISTORIQUES SUR LE PRIEURÉ CONVENTUEL

D'HÉAUVILLE A LA HAGUE

PAR

L'ABBÉ LOUIS COUPPEY

Curé de Clitourps (Manche)

ÉVREUX

IMPRIMERIE DE L'EURE

1901

ENCORE HÉAUVILLE!

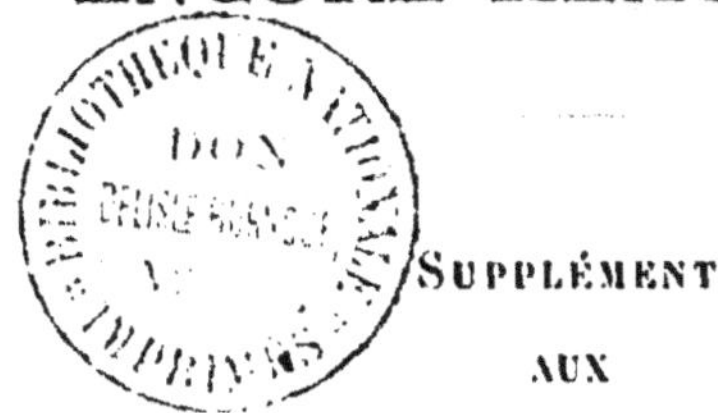

Supplément

AUX

NOTES HISTORIQUES SUR LE PRIEURÉ CONVENTUEL

D'HÉAUVILLE A LA HAGUE

ENCORE HÉAUVILLE!!!

Est modus in rebus, sunt certi denique fines
Quos ultra citraque nequit consistere rectum.

Oui, mon vieil Horace, j'entends bien! A vouloir dire tout ce que l'on sait, ou publier tout ce que l'on rencontre sur un sujet, on court risque d'être accusé de pédantisme.

Tant pis, il y a si grand plaisir à faire revivre tout le passé ne fût-ce que d'un coin de pays perdu, que je ne peux résister à la tentation d'offrir aux lecteurs de la *Revue catholique de Normandie* un supplément à mon petit cartulaire du prieuré conventuel d'Héauville à la Hague.

Aussi bien les chartes inédites citées dans ce supplément ne manquent pas d'intérêt historique : on y rencontre, en effet, des noms, des détails qui fournissent de nouvelles données sur les anciennes familles du Cotentin et sur l'étendue de leurs domaines dans le pays.

D'ailleurs, il faut le reconnaître comme nouvelle circonstance atténuante, j'ai été provoqué à cette récidive par M. Léopold Delisle lui-même, le savant administrateur général de la Bibliothèque Nationale.

Ayant eu le bonheur de rencontrer d'assez nombreux documents tout à fait inédits sur ce quartier de la Hague qui dépendit si longtemps du prieuré d'Héauville, j'en fis les *Notes historiques* jadis publiées elles aussi dans la *Revue catholique de Normandie* (1). M. L. Delisle trouva l'œuvre « intéressante » et pour récompense m'envoya le recueil de pièces qu'il avait lui-même établi sur le prieuré en question. Ces pièces, elles aussi complètement inédites, sont tirées tant des manuscrits de Mangon du Houguet (2), que de ceux de la Bibliothèque Nationale (3).

Le présent supplément aux *Notes historiques sur le prieuré conventuel d'Héauville* sera donc presque exclusivement composé de celles de ces chartes que je n'avais pas rencontrées dans mes recherches personnelles. Elles se rapportent presque toutes à la première partie de l'ouvrage primitif. Sauf quelques-uns des XVᵉ et XVIᵉ siècles, ces documents sont en latin, qui sera fidèlement

(1) Du 15 mai 1898 au 15 mai 1900.

(2) « Pierre Mangon, écuyer, sieur du Houguet, conseiller du roi, vicomte et capitaine de Valognes, sénéchal royal et juge politique en la dite ville et vicomté et anciens ressorts d'icelle, » appartenait à une famille établie à Réville dès le XVIᵉ siècle. Il remplissait les diverses charges, énumérées ci-dessus par lui-même, dès avant le 13 septembre 1657, époque de son mariage, et ne dut les résigner guère avant 1696. Il mourut dans sa soixante-quatorzième année; son corps fut, le 16 septembre 1705, inhumé à Valognes, dans l'église des Cordeliers.

Passionné pour l'histoire, Mangon put sans doute compulser les archives des châteaux et des maisons religieuses du pays, mais surtout sa charge de vicomte, ou juge royal au baillage de Valognes, lui fit, dans les nombreux procès venus à sa cour, passer entre les mains la plupart des titres de propriété tant des familles que des maisons religieuses de son ressort, qui s'étendait à presque toute la presqu'île du Cotentin. Il en copia ou analysa un si grand nombre que M. de Gerville assure (d'après un manuscrit qu'il avait trouvé dans la famille d'Argouges) que le recueil manuscrit de Mangon comptait au moins trente volumes d'une moyenne de quatre à cinq cents pages en grand papier. Malheureusement, beaucoup de ces volumes auront péri, puisque M. L. Delisle n'en signale que seize, y compris les treize de la bibliothèque de Grenoble. Je crois pourtant avoir entendu dire que M. Lecacheux, curé-doyen de Pontorson, possède, lui aussi, un fragment de l'œuvre de M. du Houguet, ce qui porterait à dix-sept le nombre des volumes, actuellement connus, du recueil si précieux dû aux labeurs de ce savant vicomte de Valognes « qui mérite à si juste titre, « dit M. Delisle, d'occuper une place honorable parmi les historiens normands « du XVIIᵉ siècle. »

(3) Recueils manuscrits de Gaignières, des Bénédictins et de Baluze.

reproduit, puisqu'encore une fois, je ne veux point écrire une histoire mais établir un cartulaire.

Ayant entre les mains, de presque toutes ces chartes, plusieurs copies provenant des différentes sources signalées ci-dessus, je les collationnerai de façon à rétablir le texte aussi complet que possible. Puis, comme parmi ceux qui s'intéressent aux études d'histoire locale tous ne comprennent pas le latin, j'en ferai une traduction aussi littérale et aussi claire que le permettra le texte cité.

Mais, avant d'entrer en matière, je veux remercier publiquement M. L. Delisle de sa sympathique intervention et des moyens qu'il veut bien me fournir si aimablement de compléter un ouvrage dont, par avance, il signalait le « haut intérêt », quand, en 1891, lors de la découverte qu'il fit à Grenoble de treize volumes des manuscrits de Mangon, il disait : « Je signalerai « notamment dans le ms. 1402 de Grenoble une quarantaine de « chartes du prieuré d'Héauville à la Hague, dont les originaux « doivent avoir disparu presque sans exception. Il a là des actes « du xie et du xiie siècle qui sont d'une importance majeure pour « l'histoire du Cotentin. En combinant les copies de Mangon avec « celles des Bénédictins, de Gaignières et de Baluze, aujourd'hui « rassemblées à la Bibliothèque Nationale, on formerait un petit « cartulaire du plus haut intérêt et qui jetterait beaucoup de « lumière sur les annales de notre contrée avant la réunion de la « Normandie à la couronne de France (1). »

C'est ce cartulaire, souhaité par M. Delisle, qui, commencé dans mes *Notes historiques*, sera complété dans ce supplément.

I

GAZON

Sa femme Judith étant morte en 1017, le duc Richard II de Normandie distribua à diverses maisons religieuses la majeure partie des cent un domaines de sa dot.

Marmoutier, tout récemment relevé de ses ruines et reconstitué en abbaye, reçut (1020) à Helleville, dans la Hague, la terre

(1) *Annuaire de la Manche*, année 1891, p. 22 et 23.

d'Hetreville, deux parties de Quéteville et tout un quartier de
Biville (1). Le domaine était déjà considérable, il fut érigé en
obédience, dont le premier titulaire fut très probablement le
prieur Gazon souscrit à la charte par laquelle (1048) Guillaume
le Bâtard ajouta aux donations de son aïeul la moitié de Guernesey (2) confisquée sur Néel de Saint-Sauveur après sa révolte
de 1047; donation que ce seigneur lui-même confirma bientôt
aux moines de Saint-Martin (3). Peu de temps après, le duc leur
accorda encore comme singulière faveur la langue des baleines
échouées dans un certain rayon des côtes du Cotentin (4).
Concession à laquelle ces religieux paraissent, comme nous le
verrons, avoir attaché une importance qui nous surprend.

II

FRÉDEBERT

Le successeur de Gazon fut le moine Frédebert, que nous avons
vu (5) agrandir son domaine de trente acres de terre achetées
vers 1060 et obtenir deux ans après pour ses possessions la
décharge de toute redevance. Ce qui, on s'en souvient, amena une
vive altercation entre Guillaume le Bâtard et un seigneur de sa
suite, Hugues le forestier, que le duc fut sur le point de frapper
d'une épaule de porc qu'ils se disposaient à manger ensemble à la
hougue de Biville (6).

Cet épisode n'avait pas, sans doute, mieux disposé ce Hugues
Leforestier en faveur des moines de Helleville; du moins
Guillaume, devenu roi d'Angleterre, semble nous en fournir une
preuve quand il écrit à la reine Mathilde : « *Guillermus Dei gratia
rex Anglorum, M. regine dilecte sue conjugi, perpetuam salutem.
Notum tib. facio quod ecclesiam sancte Marie de Podiis et alodium
quod ad eandem ecclesiam pertinet, concedo quietam ab omni con-*

(1) Voir *Notes historiques, Revue catholique de Normandie*, n° du 15 mai 1898,
p. 421, et dans le tirage à part, p. 6. — Ce que nous indiquerons au cours de
ce supplément par : *Notes hist., R. C. N., n°....., p....., et T. P., p.....*
    (2) Même ouvrage, *R. C. N.*, n° du 15 mai 1898, p. 428, et T. P., p. 10.
    (3) Id., p. 430 et 12.
    (4) Id., p. 431 et 13.
    (5) Id., p. 432 et 14.
    (6) Id., p. 433 et 15.

*suetudine sancto Martino Majoris Monasterii, sicut Helgo presbyter
tenebat die qua obiit. Mando enim tibi ut omnem terram Sancti
Martini que infra Normanniam est solutam et quietam ab omnibus
gravatoribus et forestariis, ut dignum est, facias, et precipue Helgo-
lino de Cheroburgo precipe ne ulterius se intromittat inde (1). »*

« Guillaume par la grâce de Dieu roi des Anglais, à la
« reine Mathilde, sa chère épouse, perpétuel salut. Je te fais
« savoir que je concède à Saint Martin de Marmoutier l'église
« Sainte Marie des Pieux et la terre d'aleu qui en dépend, libres
« de toute redevance, comme le prêtre Hugues les tenait au jour
« de sa mort. De plus, je te mande de rendre, comme il est juste,
« toute la terre appartenant en Normandie, à saint Martin, libre
« et tranquille de tous ceux qui voudraient la gréver ainsi que des
« exigences des forestiers, surtout défends à Hugolin de Cher-
« bourg de se mêler à l'avenir des affaires de cette maison. »

Mais peut-on identifier cet Hugolin de Cherbourg à Hugues
Leforestier? Je le crois d'autant plus fermement que dans la
charte de fondation de la collégiale du château (2) nous le
trouvons appelé Hugolin Leforestier, quand il donne aux nouveaux
chanoines un pré adjacent au moulin de la Roque à condition
qu'ils instruiront son fils.

Serait-il, dès lors, téméraire de voir dans ce Hugues ou Hugolin
Leforestier, grand personnage d'ailleurs, souscrivant à beaucoup
de chartes données par le duc Guillaume, un commandant,
connétable ou capitaine de Cherbourg, ayant comme tel la haute
administration de toutes les affaires du pays environnant, du
moins en ce qui concernait le domaine ducal.

III

RAINALD

Malheureusement, Hugues le forestier ne fut pas le seul à
causer des désagréments aux moines de Helleville; Rainald,
successeur de Frédebert, eut à défendre leurs privilèges contre

---

(1) Manuscrit 1102 de la bibliothèque de Grenoble; t. XIII des manuscrits de
Mangon du Houguet, p. 229, v°.

(2) Voir notre étude sur la fondation de l'abbaye du Vœu. — R. C. N.,
n° 15 juillet 1900, p. 52, et T. P., p. 11.

Robert Bertrand (1). Mathilde fut de nouveau chargée de le
mettre lui aussi à la raison et ce n'était certes pas trop de l'autorité de la reine elle-même pour arrêter les empiétements du puissant baron de Bricquebec, revêtu en ce moment de l'autorité du
vicomte de Cotentin.

En ce temps-là d'ailleurs, il faut le reconnaître, la propriété
était encore précaire, les usurpations étaient communes, ce qui
explique l'intervention réitérée de tant de gens réclamant les
mêmes droits sur les mêmes biens, ce qui explique aussi les nombreuses confirmations demandées de droite et de gauche par nos
religieux pour se mettre à l'abri de toute compétition, ce qui
explique enfin leur si facile recours aux rois eux-mêmes quand ils
n'arrivaient pas à se faire rendre justice. Plusieurs fois, en effet,
nous les avons vus en appeler à Guillaume le Conquérant et, à
peine monté sur le trône, le roi Henri Ier est obligé à son tour
d'entrer en lice pour défendre l'œuvre de ses pères.

*H. rex Anglorum Algaro de Sancte Marie ecclesia ceterisque
justiciis suis Constantini, salutem. Mando vobis atque precipio quod
huic Renaldo priori Helville piscem in terra Beati Martini noviter
applicatum permittatis habere et quicquid pertinet eidem domui tam
in terris quam in decimis, in pace et quiete possideant, quoniam
pater meus in dandis elemosinis spe eterne retributionis nihil omnino
retinuit, sed cum omni integritate Beato Martino suisque monachis
quod prius suum fuerat absolute concessit. Et ideo precipio ut nullo
tempore rebus suis minuantur, sed gratia retributionis augmen-
tentur. Teste Nigello de Albineio. Apud Lond. (2).*

« Henri roi des Anglais à Algaro de l'église Sainte Marie et à
« ses autres justiciers du Cotentin, salut. Je vous mande et vous
« ordonne de laisser le prieur d'Helleville Renald prendre le
« poisson récemment échoué sur la terre de Saint Martin. De
« plus je veux que lui et ses moines possèdent paisiblement et
« tranquillement tout ce qui, tant en terres qu'en dîmes, appar-
« tient à cette maison, parce que, en donnant ces aumônes en
« vue d'une récompense éternelle, mon père ne fit aucune
« retenue, mais concéda absolument à Saint Martin et à ses moines
« dans toute son intégrité ce qui jusques là lui avait appartenu à

(1) *Notes hist., R. C. N.*, n° 15 mai 1898, p. 131, et T. P., p. 16.
(2) Manuscrits de Mangon, t. XIII, p. 232.

« lui-même. C'est pourquoi je veux qu'en aucun temps ils soient
« non amoindris dans leurs biens, mais (plutôt enrichis en vue
« de la récompense) Témoin Néel d'Aubigny, donné à Londres. »

J'ai du même document une autre copie prise sur une copie du
xvie siècle qui se trouve aux archives de la Manche, reproduisant
intégralement celle de Mangon, sauf le nom d'Algare qui n'y est
pas écrit et le nom de Helville qui est remplacé par « de Heauvilla ». Mais ce qui rend cette dernière copie particulièrement
intéressante, c'est qu'elle indique Saint-Lô, *apud sanctum Laudum*,
comme le lieu où Henri Ier aurait donné ce rescrit. Avouons que
dans le cas, cette seconde indication semble plus pratique, car le
voyage de Londres était long alors et le poisson même gras aurait
eu le temps de se perdre avant que le résultat de la consultation
fût connu.

Quoi qu'il en soit, en parlant de ce même prieur Rainald, nous
avions signalé (1) la donation faite en 1081, au prieuré par le
vicomte Eudes au Chapel, de l'église de Helleville et de la quatrième
partie de cette paroisse, que tenait de lui un chevalier appelé
Rogos ou Roger. Malheureusement celui-ci n'accepta pas cette
mutation sans difficulté, car : *Quidam miles nomine Rogo de Cathe-
villa* (il serait peut-être plus vrai de lire de Kethevilla) *movit
calumniam contra monachos Majoris Monasterii de quarta parte
Helleville quam idem monachi possidebant, sed ex hac calumnia
post longum tempus ac multos dissensiones ad istam concordiam
utrique venerunt. Predictus enim Rogo, tam ipse quam uxor illius
ac duo filii, quorum unus vocabatur Nigellus et alter Petrus, seu
ceteri de illa progenie calumniatores concesserunt Deo ac beato
Martino Majoris Monasterii ejusque monachis totam illam terram
quam eatenus per calumniam oppresserant, id est quartam partem
Helleville, omnino liberam et quietam, in presentia domini Guillermi,
tunc abbatis Majoris Monasterii. Unde idem abbas, consilio monachorum suorum, qui tunc adrenerant, propter istam concessionem,
quasi ricario munere, donavit jam dicto Rogoni ac filiis ejus in
hereditatem quandam terram Sancti Martini, nomine Heauvillam* (2)

(1) *Notes hist., R. C. N.,* n° du 15 mai 1898, p. 136, et T. P., p. 18.

(2) J'ai une autre copie, tirée du recueil de Gaignières manuscrit latin 5441
(I, p. 201) de la Bibliothèque Nationale, donnant à cette terre le nom d'Hér-
raville, « Herravillam », qui me semble une mauvaise lecture : « Hetravillam »,
Hétreville, doit être le texte vrai.

*in qua tamen terra retinuit domum in opus monachorum, sicut eam
primitus habuerant et quedam sola servitia exhibenda ab hominibus
ibi habitantibus. Cum enim naves annonam monachorum ab insulis
ex more deferentes ad portum solitum applicuerint, statim, audito
nuntio, omnes pariter illi has ad custodiendas naves, ad deferen tam
annonam atque domi reponendam accurrent. Simili modo, cognita
captura ceti, id est crassi piscis, cujus linguam monachi Majoris
Monasterii habere solent, concito gradu ad locum ubi captam esse
nunciabitur properantes, illam portionem piscis quam prediximus ab
juvenculis deffendere, atque ad domum monasterii, scilicet Hellevillam, apportare debent ac deinde ad subvectionem usque Britan-
niam tria jumenta de suo preparare. Quod si forte in superbiam hec
omnia propter monachos facere neglexerint, aut si aliunde aliquam
injuriam eis inferre presumpserint, secundum istam conventionem,
clamorem facient ad ipsum Rogonem aut ad alium qui pro tempore
preerit illis hominibus, qui facturus est eis justitiam in propria
monachorum curia. Dedit preterea sepedictus Rogo monachis Helleville totam domum quam habebat in Turbelvilla (probablement
Turtelvilla), et totam domum quam Nigellus ibidem habebat. Cujus
donationis..... testes sunt Guillermus abbas et monachi ejus, scilicet
Guillermus, Rivallonius, Petrus baiullus, Gisbertus (?), Allouar et
alii plures (1).*

« Un chevalier nommé Roger de Catheville souleva des chicanes
« contre les moines de Marmoutier au sujet de la quatrième partie
« de Helleville que ces moines possédaient. Mais après de longues
« et nombreuses discussions les deux parties en vinrent à l'accord
« suivant : le susdit Roger lui-même, son épouse, leurs deux fils,
« dont l'un s'appelait Néel, l'autre Pierre et tous ceux de cette
« famille qui avaient pris part à la contestation concédèrent à
« Dieu, à Saint Martin de Marmoutier et à ses moines toute la
« terre en litige, c'est-à-dire la quatrième partie de Helleville,
« libre de toute charge. Cela fut fait en présence du seigneur
« Guillaume, alors abbé de Marmoutier, qui de son côté, sur le
« conseil de ceux de ses moines alors présents, donna comme
« compensation au dit Roger et à ses fils en héritage une terre de
« Saint Martin appelée Héauville, dans laquelle il retint cepen-
« dant pour le service des moines une maison qu'ils devaient

(1) Manuscrits de Maugon, t. XIII, p. 226, v°.

« posséder dans les mêmes conditions que par le passé et quelques
« services à rendre par les hommes habitant sur cette terre, à
« savoir : quand les navires apportant des iles, suivant la cou-
« tume, les denrées appartenant aux moines, seraient arrivés au
« port habituel, aussitôt avertis tous ces hommes viendraient
« ensemble garder les navires, transporter ces denrées et les
« mettre en place à la maison. De même aussitôt connue la
« capture d'une baleine, c'est-à-dire d'un poisson gras dont les
« moines de Marmoutier ont coutume d'avoir la langue, les
« jeunes hommes de la terre en question, se rendant dès le
« premier appel au lieu où il leur sera annoncé que le cétacé a
« été pris, devront revendiquer la partie du poisson susdite, la
« porter à la maison du monastère, c'est-à-dire à Helleville et
« ensuite préparer trois de leurs bêtes de somme pour son trans-
« port jusqu'en Bretagne. Que si par orgueil ces hommes négli-
« geaient de rendre ces services aux moines, ou si d'ailleurs ils
« commettaient quelque injustice à leur égard, il est convenu
« que les dits moines en appelleraient à Roger lui-même ou à
« celui de qui, en ce temps-là, ces hommes dépendraient et
« Roger ou son successeur rendrait justice aux religieux dans
« leur propre cour. De plus le dit Roger donna aux moines de
« Helleville toute la maison qu'il possédait à Teurtheville et toute
« celle que Néel avait au même endroit. De cette donation sont
« témoins Guillaume abbé, et ses moines, savoir Guillaume,
» Rivallon, Pierre Baieul, Gisbert, Allouar et plusieurs autres. »

La copie du manuscrit 5441, signalée plus haut dans une note,
ajoute : *De Constantino affuerunt Radulfus de Albiaiaco et filius
ejus Guillelmus, Radulfus Clarembaldus, Guillelmus Bonus Vas-
sallus, Helgo de Logis, Rogerius, Robertus et Aufredus de Buievilla.*
« Du Cotentin furent présents Raoul d'Aubigny et Guillaume son
« fils, Raoul Clarembault, Guillaume Bon Vassal, Hugues des
« Loges, Roger, Robert et Alfred de Biville. »

Le nombre de ces témoins appartenant au pays amène tout
naturellement à penser que cet accord fut conclu à Helleville, où
l'abbé Guillaume était sans doute venu, comme nous le dirons
bientôt de son prédécesseur Hilgot (1), en visitant lui-même les

(1) Hilgot, septième abbé de Marmoutier depuis son relèvement, avait
d'abord été évêque de Soissons, il succéda comme abbé à Bernard et fut lui-
même remplacé par le Guillaume dont il s'agit ci-dessus.

prieurés et les riches propriétés normandes de son abbaye.

Donation du comte Robert de Mortain et de Guillaume de Lestre.
— L'année d'après la donation du vicomte Eudes au Chapel et dès lors sûrement bien avant l'accord ci-dessus cité, le comte de Mortain Robert avait lui aussi apporté sa pierre à l'édifice de la fortune de notre prieuré : *Hoc sit manisfestum presentibus hominibus et futuris quod Robertus, comes Moritoniensis, frater Willelmi regis Anglorum et principis Northmannorum, sancto Martino Majoris Monasterii et monachis ejusdem monasterii donavit terram de Helvilla, quam Guillelmus de Estra ab ipso comite tenebat et comes reddidit ei suum excambium, ita ut ipse Guillelmus spontanea voluntate donum a comite factum supradicto sancto et ejus monachis concederet.*

Signum Rodberti comitis. Signum Mathildis comitisse. Signum Guillelmi, filii ejusdem comitis.

Testibus duobus monachis Hanrico et Rodberto et testibus duobus famulis Guillelmo de Boiarville et Girardo de Loratore.

Signum Guillelmi de Hestra, signum Ricardi filii ejusdem Guillelmi. Signum Rodberti filii Osberni, Signum Ranulfi Avenelli (1).

Mangon du Houguet donne deux copies de cette pièce. Ces deux copies se ressemblent à très peu de choses près. La différence consiste dans les noms souscrits, nous avons donné ceux qui se trouvent sur l'une, voici ceux qui sont inscrits sur l'autre avec une note qui fixe exactement l'époque de cette donation :

Signum Rogerii comitis. Signum Willelmi regis Anglorum.

S. Roberti comitis Morethonii. S. Roberti comitis Normannorum, filii W. regis Anglorum. S. Willelmi comitis, prefati regis filii. S. M. comitisse. S. W. filii comitis.

Hec carta a prefato rege, supradictis quoque principibus, firmata fuit apud Oscellum, anno incarnationis Domini MLXXXII, die natalis sancti Johannis.

« Qu'il soit connu de tous présentement et à l'avenir que Robert
« comte de Mortain, frère de Guillaume roi des Anglais et prince
« des Normands donna à Saint Martin de Marmoutier et à ses
« moines la terre de Helleville que Guillaume de l'Estre tenait du

(1) M. du Houguet, t. XIII des manus. de Grenoble, p. 231 au r° et au v°. — Puis manus. de la Biblothèque Nat., manus. latin 5441, I, p. 197; collection Baluze, 77, f. 87, d'ap. Norm. 41; Res. 074, f. 276, et 076, f. 240, v°.

« comte lui-même et Robert lui rendit son échange, de sorte que
« Guillaume concédât de sa propre volonté le don fait par le
« comte au susdit saint et à ses moines.

« Signes du comte Robert, de la comtesse Mathilde, de
« Guillaume, fils du même comte.

« Témoins les deux moines Henri et Robert, témoins aussi
« deux familiers Guillaume de Boiaville et Girard du Loret.

« Signes de Guillaume de Lestre, de Richard son fils, de Robert
« fils Osbert, de Renouf Avenel.

Et pour les noms souscrits à l'autre copie :

« Guillaume roi des Anglais, le comte Roger, Robert comte des
« Normands et fils du roi Guillaume, Guillaume comte fils du
« même roi.

« Cette charte fut confirmée par le roi et les princes sus-
« nommés, à Oscel l'année de l'Incarnation 1082, le jour de la
« Nativité de saint Jean. »

Disons à propos de ce document que les terres possédées et
concédées par Guillaume de Estra ou Hestra formaient dans Helleville et les environs ce domaine de Hetredvilla, Etredvilla ou
Hetrevilla, dont une partie, donnée à Marmoutier vers 1020 par
le duc Richard II, avait été le premier pas fait dans la formation
du domaine de notre prieuré. Disons aussi que ce nom de famille
nous donne le secret étymologique du nom de ce fief. Disons
enfin que cette intervention du comte de Mortain semble une
preuve nouvelle en faveur de ceux qui affirment qu'en ce temps-
là le comté comprenait bien tout l'ancien comté de Cotentin, ce
que Seguin appelle le Bocage, jusqu'à l'extrémité de la Hague.

IV

RUALOC

V

RAOUL LE MORDANT

Ce Raoul ou Radulph était, comme nous l'avons dit (1), neveu
de Gislebert, alors évêque de Lisieux. Ce fut sous son priorat que

(1) *Notes hist.*, R. C. N., n° du 15 mai 1898. p. 437 et T. P., p. 19.

Ranulph des Pieux donna Estoubeville et un peu plus tard sur le même fief ajouta les cent quarante acres de terre, qu'un confirmatur (1) de Henri Ier appelle Grisetot, village de Teurtheville Hague, où exista longtemps une chapelle dans laquelle souvent le bienheureux Thomas dit la sainte messe.

C'est aussi en faveur de ce même Raoul que fut donnée la charte suivante : *Noverint presentes et futuri quod Hugo de Insula filius Willelmi filii Sturi de Insula Guilli dedit Sancto Martino Majoris Monasterii et monachis ejus decimam molendini de Torlavilla..... Quam tenebat de comite Normannie jure hereditario, videntibus et concedentibus fratribus suis Rogerio et Gervasio, cujus gratia dedit ei quandam mulam Radulphus prior in caritate, quam ipse dedit fratri suo Rotgerio Romam ituro. Quod viderunt predicti duo fratres ejus et de hominibus suis Nigellus senescalus ejus et Richardus prepositus ejus et Briennis et de nostris Rogo et Rivallonius et Radulfus de Giroceio et Renaldus Brillelanda et Nigellus presbyter et alii quam plures* (2).

« Qu'il soit connu de tous présentement et à l'avenir que « Hugues de l'Isle fils de Guillaume fils de Stur de l'ile de Guitt (3)

(1) Copie du xvie siècle, aux archives de la Manche.

(2) Bibliothèque Nationale, manuscrit latin 5441, I, p. 199, et ms. de Mangon, t. XIII, p. 225.

(3) Probablement *Witch*, en tenant compte de l'équivalence du *W* et de *Gu* dans les noms à cette époque : Willelmus pour Guillelmus. Ce qui permettrait de rattacher Stur et dès lors ce de l'Isle à la famille de Reviers qui possédait l'ile de Witch depuis la conquête. Une autre raison encore d'établir ce rapprochement est que nous trouvons au milieu des possessions de Reviers en Cotentin un fief appelé Sturville ou Esturville (Archives de la Manche, série A, 13, 82, 83, 102, etc.) s'étendant sur Carquebut, Blosville et paroisses voisines. — Quelques années avant cette donation de Hugues de l'Isle, Geoffroy de Sturville (beau-frère du Raoul de Blosville, dont la fille Basire était mariée à Guillaume d'Angerville) et son épouse donnèrent à l'abbaye de Blanchelande « avec leur fils, lorsqu'il y fut reçu chanoine, quoiqu'il fût aveugle, une terre assez importante à Blosville. » (Archives de la Manche, II. 257.) — De plus, parmi les bienfaiteurs de l'abbaye de Montebourg, dont les noms se rattachent presque tous à la parenté des Reviers-Vernon, le *Gallia christiana* (XI, col. 927) cite d'après le *Monasticon Anglicanum* (III, p. 992), *Mathilde de Estur*, dame de Catecumbe. De plus encore, les possessions de cette famille de Reviers-Vernon s'étendaient sur au moins une partie de Tourlaville (Archives de la Manche, série II, 3743). Les Sturville continuèrent de donner des religieux à Blanchelande et l'un d'eux, Nicolas de Sturville, qui mourut le 2 mars 1222, en fut le sixième abbé (*Gallia christiana*, XI, col. 916). Quant aux de l'Isle (de

« a donné à Saint-Martin de Marmoutier et à ses moines la dîme
« du moulin de Tourlaville qu'il tenait héréditairement du comte
« de Normandie et il a fait cette donation en présence et du
« consentement de ses frères Roger et Gervais. Par reconnaissance
« le prieur Raoul lui fit cadeau d'une mule que Hugues lui-même
« donna à son frère Roger qui allait partir pour Rome. Et les
« deux dits frères furent témoins oculaires de ces faits, ainsi que
« parmi les hommes du donateur Néel son sénéchal, Richard son
« prévôt et Brien et de notre côté Roger, Rivallon, Raoul de
« Grouey ou Gruchy, Renaud Brillelande et le prêtre Néel. »

L'acte suivant, qui semble n'être qu'un confirmatur, et auquel
est souscrit au moins un des témoins de la charte précédente, doit
être à peu près du même temps.

*Sciant omnes..... quod Rotbertus Hunfredi filius de Tolerwast et
uxor ejus concesserunt perpetualiter terram Targisi Torfredirille
Deo et Sancto Martino Majoris Monasterii et omnibus monachis
ejusdem, eadem concessione et donatione libere ab omnibus debitis,
sicuti Guillermus rex Anglorum optimus et Rogerius de Belmont
atque ejus filii dederunt. Supradictus autem Rotbertus et uxor ejus
habuerunt inde caritative* LX *solidos et unum equum. Hoc autem*

Insula), ils étaient sûrement établis aux environs de Cherbourg, puisque nous
voyons Guillaume de l'Isle donner (1178) l'église Saint-Laurent de Nacqueville
à l'abbaye du Vœu. Toutefois les biens de ce Guillaume, par le mariage de sa
sœur, passèrent bientôt aux Carbonnel, qui devinrent ainsi seigneurs du grand
fief des Marets, de Fourneville et Nacqueville.

Vers le temps de cette donation faite par Hugues de l'Isle à Marmoutier,
nous rencontrons le nom de Pourchardus (probablement Bouchardus) de Insula
cité comme témoin à la charte de fondation de Sainte-Trinité de Caen (*Gallia
christiana, instr.* 61, A).

Un peu plus tard, Robert de l'Isle, avec son épouse et ses fils Raoul et Robert,
donne la dîme de l'église de Magneville à Sainte-Marie de Villiers, lors de
l'entrée en religion de sa fille Adèle et cette donation fut aussitôt approuvée
par le roi Guillaume, Mathilde son épouse, Robert et Guillaume ses fils
(Donationes facta parthenoni Villarensi, *Gallia christiana, instr.* col. 329, C).

En 1069, le nom d'Adam de l'Isle (de Insula) est souscrit à un diplôme du
roi de France Philippe, donné en faveur de l'abbaye de Saint-Martin de Pontoise
(*Gallia christi..a, XI, instr.* 16, C).

D'ailleurs, quoique la branche de Nacqueville semble s'être éteinte quant à
la ligne masculine dans la personne du Guillaume, bienfaiteur de l'abbaye du
Vœu, la famille ne disparut pas pour cela de Normandie et même au
XVIIe siècle (1671-1679), nous voyons Augustin de l'Isle, seigneur de la Brisette-
Montaigu et de Marivaux (Archives de la Manche, série A, 3711).

*totum factum est tempore Radulphi monachi et prioris cognomine
Mordentis atque Mainardi monachi. Ex parte Roberti testimonio
Uberti sacerdotis ejus, Petri Bruscensis, Roberti de Martinvast,
Radulfi Galatiensis, Willelmi Filioli; ex parte monachorum,
Rogerius prepositus Boeville, Radulfus prepositus Herleville, Hun-
fredus Greslet et Rivoll a la Barbe* (1).

« Sachent tous..... que Robert fils d'Onfroi de Tollevast et sa
« femme ont à perpétuité concédé à Dieu, à Saint-Martin de Mar-
« moutier et à tous ses moines, la terre de Turgis de Touffreville,
« libre de toute charge, comme Guillaume le très excellent roi des
« Anglais et Roger de Beaumont et ses fils l'avaient donnée. Et le
« susdit Robert et son épouse reçurent soixante sous et un cheval
« pour cette confirmation qui fut donnée au temps du moine Raoul
« surnommé le Mordant prieur et du moine Mainard. Du côté de
« Robert les témoins furent Hubert son chapelain, Pierre Bruce
« ou de Brix, Robert de Martinvast, Raoul Galat, Guillaume Filiol
« (peut-être Foliot) et du côté des moines Renaud Brillelande,
« Roger prévôt de Biville, Raoul prévôt de Helleville, Onfroi
« Greslet et Revoll à la Barbe. »

Donation de l'église de Biville. — Nous avons raconté (2) le
procès que soutint en 1120 le prieur Raoul contre le comte de
Mortain Robert de Vitré, à propos du patronage des églises de
Helleville et de Biville, auquel d'ailleurs le comte renonça autant
que nécessaire serait. C'était justice, s'il en faut croire la notice
suivante : *Noscant presentes et futuri quod Ranulfus de Raforilla
dedit ecclesiam Boeville et totam decimam sue terre absolutam.....
monachis Helville et duas acras terre in elemosinam ad hospitandum
presbiterum, si tamen restiterit in elemosina; quod si noluerit, ad
Montem Sancti Michaelis secum pergat, sed cum procuratione sua,
et ibit ad duellum, si opus est, infra Constantinum. Et ipse dedit
mihi tres acras terre de horto plani et vacanti de Torto Campo et
duas acras super rupem de Kodal et unam acram de maceriis de
Lacania et dimidiam acram juxta ecclesiam et mare et quinque acras
de Valle Augerii. Et hec dona concessit dominus ejus Rogerius filius
Geroldi. Et ex parte Ranulphi sunt testes : Hugo filius Renaldi et*

(1) Bibliothèque Nationale, ms. latin 5441, I, p. 200, et Mangon, t. XIII,
p. 229, v°.

(2) *Notes hist., R. C. N.,* n° 15 mai 1898, p. 442, et T. P., p. 21.

Mobertus de Roda : ex parte monachorum Rogo, Rivallon, Rogerius prepositus.

Deinde contingit quod hic Ranulfus infirmitate oppressus, devote mandavit domino abbati Hilgoto, que tunc forte apud Hellevillam venerat, ut aliquem de fratribus sibi mitteret qui ei habitum sancte religionis imponeret. Cujus petitioni annuens, predictus abbas hunc habitum per quosdam fratres tam diligenter expetitum resumpsit eumque monachum fieri precepit, atque ipse cum fratribus suis associatis post mortem sepulture tradidit. Predictus Ranulfus dicta dona sua accumulare cupiens, adhuc dedit Deo et beato Martino, vivens tamen, cortillos omnes quos Ranulfus de Valle de illo tenuerat, et terram Radulphi de Feodo quam tenuerat, sed tunc non habebat; insuper et totam terram quam habebat ab illa terra usque ad aquam. Hoc concesserunt uxor ejus de Lodiis et filii ejus Gaufridus, Rainaldus, Ursinus.

Sed postquam Gaufridus ejus filius successit in hereditatem, Radulphus Mordantus, qui tunc erat prior Helleville, audiens regem Henricum causa transfretandi in Angliam Barbefluctum venisse, cujus familiaritatem jam pridem habuerat, astutus, cogitans de futuris, rogavit ipsum Gaufridum ut cum eo coram rege pergeret et elemosinam quam dederat pater ejus ut jam pluries fecerat concederet. Propter quod idem dedit de caritate summa xx solidum et unam minam frumenti. Que omnia dona, coram rege in elemosinam data et concessa, precepit rex Dei amore ut expressione sigilli confirmarentur; et ita factum est, testibus : Hunfrido de Bohun cujus feudi terra est et Roberto de Corcei (1).

« Sachent tous présentement et à l'avenir que Renouf de Rafo-
« ville (2) a donné à Saint-Martin de Marmoutier et aux moines
« de Helleville, l'église de Biville avec absolument toute la dîme
« de sa terre, plus deux acres de terre en aumône pour loger le
« prêtre (le curé), si cependant il veut demeurer dans cette terre
« aumônée; que s'il ne le veut pas qu'il accompagne mais à ses
« frais, au Mont Saint-Michel le dit Ranulf qui s'obligea si besoin

(1) Mangon, t. XIII des ms. p. 228, et Bibliothèque Nationale, ms. latin 5441, I, p. 201.

(2) Rafoville, d'où cette famille tirait son nom, grand fief dont le chef était assis en Saint-Eny et possédait de nombreuses dépendances du même nom dans tout le Cotentin, appartenait aux de Bohon et ce Ranulf de Rafoville était sûrement l'un des leurs.

« était à soutenir le combat judiciaire dans le Cotentin (1). »

Cette première partie de la notice semble n'être qu'un confirmatur se rapportant à une époque un peu antérieure à la suivante, car notre prieur ajoute : « Et il (Ranulf) lui-même me donna trois
« acres de terre dans les champs vains et vagues de Torchamp,
« deux acres au-dessus de la roche de Rodal, une acre des enclos
« de Lacanie, une demi acre entre l'église et la mer et cinq acres
« dans Val-Auger (2). De ces donations que confirma son seigneur
« Roger, fils de Gerold (3), furent témoins du côté de Ranulf (ou
« Renouf), Hugues fils de Renaud et Mobert de Rodal (4); du côté
« des moines : Roger, Rivallon, Roger prévôt. »

« Ensuite il arriva que ce Renouf frappé par la maladie, manda
« dévotement au seigneur abbé Hilgot, qui, par hasard, se
« trouvait alors à Helleville, de lui envoyer quelqu'un de ses
« frères qui le revêtirait de l'habit de la sainte religion. Le susdit
« abbé obtempérant à cette demande lui envoya aussi prompte-
« ment que possible l'habit demandé, ordonna de le faire moine
« et lui-même entouré des frères présida à sa sépulture. Cepen-
« dant avant sa mort le susdit Ranulf, désirant augmenter encore
« ses précédentes donations, concéda à Dieu et à saint Martin les
« *cortils* que Renouf du Val (ou de la Vallée) avait tenus de lui,
« et la terre de Raoul du Fief qu'il avait tenue jadis mais ne
« possédait plus alors, de plus toute la terre qui lui appartenait
« depuis cette dernière jusqu'à l'eau. Ces donations furent

(1) « Ibit ad duellum », c'est-à-dire que Ranulf de Rafoville s'engage à soutenir les droits du prieuré sur cette donation même par le combat judiciaire. —
Cette forme de jugement fut en effet pendant plus de huit cents ans habituelle
en Europe. Quand, dans les procès, la preuve n'était pas claire, on s'en
remettait au jugement de Dieu. En Normandie, dans tous les cas où l'une des
parties imputait à l'autre ou mensonge ou mauvaise foi, il y avait lieu au
combat. Mais lors de la rédaction du Vieux Coutumier, c'est-à-dire dans le
xiiiᵉ siècle, il n'était plus en usage que dans le cas d'usurpation d'héritage par
violence ou voies de fait. (Voir d'ailleurs l'*Étude sur la justice anglo-normande*,
par M. J.-L. Couppey, juge d'instruction à Cherbourg, *Mémoires de la Société
académique*, 1835, p. 73 et suiv.)

(2) Fief s'étendant sur Biville et Vauville (Archives de la Manche, II 5150).

(3) Probablement Girold à qui pour récompense de ses services militaires, le
comte de Mortain, Robert, donna (1066) des biens importants, entre autres
ceux que signale le *Gallia christiana*, XI, col. 478 et 479.

(4) Nous avons déjà plusieurs fois rencontré ce nom dans les actes cités;
c'était sûrement celui d'un fief assez important de Biville.

« confirmées par son épouse « de Lodiis » et ses fils Geoffroy,
« Renault, Ursin.

« Mais quand Geoffroy son fils lui eut succédé dans son héritage,
« Raoul le Mordant, qu... ...it alors prieur d'Helleville, apprenant
« que le roi Henri, d... ... autrefois il avait été le familier, se
« trouvait à Barfleur pour passer en Angleterre, pensant sagement
« à l'avenir pria Geoffroy lui-même de l'accompagner devant le
« roi pour y confirmer comme déjà plusieurs fois il l'avait fait,
« les largesses de son père; pour cela il lui donna en reconnais-
« sance xx sous et une mine de froment. Et pour l'amour de Dieu
« le roi prescrivit que la cession de tous ces biens donnés et
« octroyés en aumône fût confirmée par l'apposition de son sceau.
« Il en fut ainsi fait. Témoins : Onfroi de Bohon du fief duquel
« est la terre et Robert de Courcy. »

Comme on l'aura remarqué dans cette notice, notre prieur
Raoul fut un personnage important et c'était sûrement la raison
pour laquelle les moines de Marmoutier l'avaient envoyé soutenir
leurs intérêts en Normandie. En effet, nous l'avons déjà rappelé,
Raoul était neveu « du seigneur Gislebert » et dès lors cette
parenté explique suffisamment ses anciennes relations avec le
roi Henri, puisque avant de s'asseoir sur le siège épiscopal de
Lisieux, Gislebert avait été premier médecin et chapelain (1) de
Guillaume le Conquérant.

Et certes, comme nous l'avons vu ici et ailleurs, le prieur Raoul
sut user de son crédit en faveur de sa maison. Ce fut sans doute
lui aussi qui obtint vers 1130 du même roi Henri la confirmation
de toutes les possessions de son prieuré tant sur le continent que
dans les îles. Nous en avions donné la charte (2) en déplorant le
mauvais état du parchemin qui la contenait et dont une partie
était déchirée. Aujourd'hui, les deux copies (3) que nous possédons
vont nous permettre de la compléter. Voici ce qui y manquait :
Volo et precipio ut monachi predicti in forestis meis de Constantino

---

(1) D'ailleurs ce Gislebert appartenait à une famille importante. « Erat, dit
Orderic Vital (p. 550), Roberti de Curva Spina strenui militis filius. » Il occupa
le siège de Lisieux de 1077 à 1101 ; le même Orderic Vital lui donne le surnom
de Maminot, « Gislebertus, cognomine, Maminotus. »
(2) *Notes hist., R. C. N.,* n° 15 mai 1898, p. 442, et T. P., p. 21.
(3) Copie du xvi⁰ siècle aux Archives de la Manche et ms. de Mangon, XIII,
p. 232, v°.

*centum porcos quietos de pasnagio habeant et capiant de ipsis forestis
meis ad focum et ad ecclesiam et cetera edificia s... edificanda et
sustinenda.* « Je veux et j'ordonne que les susdits moines puissent,
« sans payer le droit de pasnage, avoir cent porcs dans mes forêts
« de Cotentin, je veux qu'ils puissent prendre dans mes forêts le
« bois de chauffage qui leur sera nécessaire, aussi bien que celui
« dont ils auront besoin pour bâtir et entretenir leur église et
« autres bâtiments. »

VI

⋆ GALLIEN (1)

Comme nous le disions plus haut, la première partie de la
notice précédente ne semble qu'un confirmatur d'acquisitions ou
donations plus anciennes, peut-être même, que les suivantes et
alors les deux prieurs Gallien et Guillaume, dont il est question
dans ces articles, pourraient ou devraient être inscrits avant
Raoul Le Mordant. Toutefois, nous n'avons d'autres indices de cet
ordre à leur assigner que la signature d'un Ranulph de Rafoville,
qui peut être mais aussi peut n'être pas le Ranulph de l'acte
précédent.

*Notum sit omnibus, tam futuris quam presentibus quod Guillelmus
de Rafovilla vendidit feudum Unfredi de Rodal in Boevilla, quem
tenuit de eodem et de suis antecessoribus, Galleno priori de Helle-
villa, LXIIII solidis andegavensis monete. Testes sunt Ranulfus de
Rafovilla et Petrus filius Unfredi qui tenet feudum, Petrus clericus,
Ricardus de Rodal (2).*

« Qu'il soit connu de tous..... que Guillaume de Rafoville
« vendit pour 64 sous angevins, au prieur de Helleville Gallien,
« le fief qu'Onfroy de Rodal tint en Biville de lui et de ses
« ancêtres. Témoins Ranulf de Rafoville, Pierre fils d'Onfroy, qui
« tient le fief, le clerc Pierre, Richard de Rodal. »

(1) Nous marquerons ainsi d'un astérisque les noms des prieurs qui n'avaient
pas paru dans notre ouvrage primitif.
(2) T. XIII des manuscrits de M. du Houguet, p. 227 v°.

VII

★ GUILLAUME

Ce n'est plus une vente, mais une donation faite par Guillaume de Rafoville que constate la notice suivante extraite de la même page du manuscrit de Mangon du Houguet :

Notum sit omnibus..... quod Guillermus de Raforilla filius Eudonis dedit Deo et sancto Martino Majoris Monasterii et monachis Helleville totam tenuram Radulphi de Brevilla (1) in elemosina, pro se et pro animabus amicorum et antecessorum suorum, perpetuo possidendam, tempore Guillermi prioris et Rainerii et Umfredi monachorum ; istam elemosinam ponebat super altare Sancti Germani a Helleville. Hujus rei sunt testes : Osmundus presbiter, Philippus presbiter, Ricardus presbiter, Raaulfus de Raforilla et alii plures. Et Guillermus filius Rogerii Toler juravit super evangelia in claustro monachorum istam elemosinam tenendam de domo Helleville et de priore et de monachis, istis omnibus videntibus et audientibus.

« Qu'il soit connu de tous .... que Guillaume de Rafoville fils
« d'Eudes a donné à Dieu, à Saint-Martin de Marmoutier et aux
« moines de Helleville, pour la posséder perpétuellement toute la
« tenure de Raoul de Bréville (1), et Guillaume fit cette donation
« pour lui-même, pour les âmes de ses amis et celles de ses
« ancêtres, au temps du prieur Guillaume et des moines Rainier
« et Onfroi. Et cette aumône fut placée sur l'autel de Saint-
« Germain à Helleville. En furent témoins : Osmond, prêtre,
« Philippe, prêtre, Richard, prêtre, Ranulf de Rafoville et
« plusieurs autres, devant lesquels, dans le cloître des moines,
« Guillaume fils de Roger Toler jura sur les Évangiles de tenir cette
« aumône de la maison, du prieur et des moines d'Helleville. »

Vers ce même temps, c'est-à-dire vers décembre 1152, probablement pendant sa campagne contre Louis VII et ses alliés, Henri, duc des Normands et comte des Angevins, donnait à Argentan, devant Guillaume d'Angerville et Hugues de Longchamp, en faveur des mêmes religieux, un rescrit (2) à peu près

(1) Peut-être « Boevilla », Biville.
(2) T. XIII des manuscrits de Mangon, p. 229 v°.

identique à celui qu'il leur avait accordé de Barfleur (1) au mois de juin précédent. Preuve évidente que nos moines ne vivaient pas toujours tranquilles et que la formation, la défense de leur domaine étaient souvent pour eux une source de graves embarras.

VIII

RICHARD

Nous avons rencontré en 1155 (2) le nom du prieur Richard dans un accord entre l'évêque de Coutances et Robert, abbé du Mont Saint-Michel (3); il n'était à peu près sûrement plus à Héauville quand, en 1197, « Guillaume (4) par la grâce de Dieu, « évêque de Coutances..... fit savoir que Thomas de Kéteville a « aumôné au prieuré d'Héauville, le droit de présentation à « l'église Saint-Pierre de Helleville. »

W. Dei gratia Constanc. eps..... *notum facimus, quod Thomas de Keterilla elemosinavit .... jus presentationis ecclesie S. Petri de Herlevilla, prioratui de Hiaurilla..... Anno ab incarnacione Domini 1197* (5).

Le territoire de Helleville se trouvait donc dès lors divisé en deux paroisses : Saint-Pierre, dont il est question ici, et Saint-Germain, sur l'autel duquel nous avons vu un peu plus haut déposer le gage d'une donation. Division qui ne peut remonter bien loin de l'époque où nos documents la signalent, puisque jusqu'ici il n'a été question que de « l'église de Helleville », sans aucun déterminatif dans les actes de donation ou de confirmation cités dans nos *Notes historiques* aussi bien que dans ce supplément.

Il n'existait donc primitivement et jusqu'à une époque rapprochée de celle qui nous occupe, qu'une église sur Helleville, et, quoique nous en ayons dit ailleurs, il est à supposer que ce fut celle de Saint-Germain, c'est-à-dire celle qui s'élevait auprès du prieuré et dont Eudes au chapel avait donné le patronage aux

(1) *Notes hist.*, R. C. N., n° du 15 mai 1898, p. 447, et T. P., p. 28 et suiv.
(2) *Notes hist.*, R. C. N., n° du 15 mai 1898, p. 419, et T. P., p. 31.
(3) Robert de Thorigny, II, p. 221.
(4) Guillaume de Tournebu, évêque de Coutances de 1182 à 1200.
(5) Manuscrit de la Bibliothèque Nationale (Extraits de Gaignières) 5411.
I, p. 199.

moines, qui exista la première. Thomas de Kéteville la trouvant
sans doute trop éloignée et sa fréquentation trop difficile pour lui et
ses vassaux, fit bâtir, en l'honneur de saint Pierre, une nouvelle
église plus rapprochée de son fief et en aumôna le patronage aux
religieux du prieuré, sans la permission desquels il n'eût sûrement
pu entreprendre cette œuvre. Mais pour distinguer plus facilement
ces nouvelles circonscriptions, les documents commencent à
parler « de Halvilla » pour arriver bientôt à « Héauvilla », c'est
pourquoi nous avons rencontré dans Robert de Thorigny le nom
du prieur Richard « de Halvilla », dans un rescrit du duc Henri
« Heavilla », dans celui de Guillaume de Tournebu « Hauvilla »,
enfin la charte suivante emploie encore la forme « Halvilla »,
puis nous ne rencontrons plus que le mot « Heauvilla » pour
désigner aussi bien le prieuré que la paroisse Saint-Germain.

*Sciant..... quod ego Guillelmus de Bosco dedi et concessi monachis
de Halvilla terram valentem annuatim unum quarterium frumenti
in crota mea apud Boevillam, pro excambio duorum hominum,
videlicet Petri de Gardino et Guillermi Toler, quod prenominati
monachi tenuerant in elemosinam ex dono Guillermi de Rafovilla
patris mei et feodum Guillermi Nigelli, quod ante dederam in
elemosinam predictis monachis ad Radulphi avunculi mei sepul-
turam. Hec autem omnia et predicta antecessorum meorum dona in
perpetuam elemosinam liberam et quietam ex omnibus rebus mihi et
heredibus meis pertinentibus, excepta moulta..... impressione sigilli
mei confirmari. Predicti autem monachi, a beneficiis antecessorum
meorum et confirmatione sigilli mei congaudentes, concesserunt mihi
et heredibus meis procurationem, quam antecessores mei caritative
habuerant in predicta domo antiquitus, percipiendam mihi secundo
vel tertio una nocte, cum contigerit me ibidem venturum; et si forte
non percepero predictam procurationem in predicta domo, mitterent
mihi per meum judicium apud Boevillam tres panes et de cervisia et
caseo si adfuerit. Concesserunt creditum de blado suo ad valorem
XXX solidorum andegarensium; quandiu XXX solidos debuero, predicti monachi non tenebuntur mihi solutionis facere creditionem.
Testibus hiis : Toma presbitero de Vastevilla, Roberto fratre ejus et
aliis pluribus* (1).

(1) Manuscrits de Mangon du Houguet, XIII, p. 228. — Manuscrit latin 5441,
I, p. 208, à la Bibliothèque Nationale.

« Sachent tous..... o··· moi Guillaume du Bosc j'ai donné et
« concédé aux ··· ··· ·· ··auville dans ma croute à Biville une
« terre valant ···· ··· · un quartier de froment en échange
« de deux hommes (1) ·· voir Pierre du Gardin et Guillaume
« Toler, que les susdits moines tenaient en aumône du don de
« Guillaume de Rafoville mon père et le fief de Guillaume Néel
« que j'avais moi-même aumôné aux susdits religieux pour la
« sépulture de mon oncle Ranulf. En outre j'ai confirmé par
« l'impression de mon sceau tous ces dons de moi et de mes
« ancêtres faits en perpétuelle aumône libres et quittes de toute
« redevance appartenant à moi ou à mes héritiers, excepté la
« moute. C'est pourquoi les susdits moines joyeux des bien-
« faits de mes ancêtres et de cette confirmation de mon sceau
« ont concédé à moi et à mes héritiers, comme un droit,
« l'avantage dont mes pères jouissaient d'antiquité dans cette
« maison, mais seulement par amitié, c'est-à-dire le privilège
« d'être hébergé par ces religieux à leurs frais et au prieuré, deux
« ou trois fois une seule nuit à chaque fois qu'il m'arrivera d'y
« venir; si par hasard je n'avais pas usé de ce droit, sur mon avis,
« ils m'enverraient à Biville trois pains, de la cervoise et du
« fromage s'ils en avaient (2). De plus ils me concédèrent sur leur
« blé un crédit pouvant aller jusqu'à une somme de xxx sous
« angevins; toutefois aussi longtemps qu'il m'arriverait de devoir
« xxx sous, les susdits moines ne seraient pas tenus de me verser
« à moi-même le montant de ce crédit. Témoins : Thomas, prêtre
« (c'est-à-dire curé) de Vasteville, Robert son frère et plusieurs
« autres. »

La copie de Mangon ne porte point de date, heureusement
l'extrait de Gaignières est plus complet sous ce rapport et après
avoir cité comme témoins : « le prêtre Renier, Thomas Hosel
(peut-être Rosel) et Guillaume Malesart, » il ajoute : *Hoc actum*

(1) C'est-à-dire des redevances et des services que doivent ces deux hommes.
— Le quartier valait six boisseaux.

(2) Il semble d'après ce passage que Guillaume du Bosc habitait, au moins
souvent, Biville. Il n'y aurait rien d'étonnant, car un autre membre de cette
famille, Pierre du Bosc, habitait Siouville en 1221, quand il vendit à Jean des
Vaux, bourgeois de Cherbourg, « tout le revenu qu'il possédait d'héritage
paternel en Sainte-Croix-Hague. » (Voir Archives de la Manche, cartulaire de
Notre-Dame du Vœu, II, 3125, B.)

est anno secundo quo dominus Philippus rex Francorum super Johannem regem Anglie Normanniam adquisivit. « Cela fut fait en
« la deuxième année après que le seigneur Philippe roi des Fran-
« çais eut conquis la Normandie sur Jean roi d'Angleterre; »
c'est-à-dire en 1205.

Le sceau appendu à la charte primitive portait : un écu chargé
en pointe de sept circonférences avec un chef orné de trois
rosaces et pour légende

✝ SIGILL͞ : WILL͞MI : DE : BOSCO

IX

★ ÉTIENNE

Le prieur Richard avait sans doute de longtemps disparu au
moment où nous en sommes arrivés, mais nous ne connaissons
point le nom ou les noms de son ou de ses successeurs immédiats
et il nous faut aller jusqu'en 1206 pour trouver un nouveau titulaire, dans la charte suivante : *Universis sancte matris ecclesie
filiis presentes litteras inspecturis, H. Dei gratia Constantiensis
episcopus, salutem in Domino. Cum contentio verteretur inter
fratrem Stephanum, tunc priorem de Heaurilla, ex una parte et
Petrum de......, ex altera, super servicio equi masculi quod idem
prior petebat ab eodem Petro, a nobis, consentientibus partibus,
contentio predicta amicabili concordia sopita est, in hac forma :
videlicet quod sepedictus Petrus tenetur solvere annuatim ad festum
Omnium Sanctorum predicto priori et successoribus suis v solidos
turonensium pro dicto servicio, salvis redditibus quos dictus Petrus
pro tenementis suis eidem priori reddere annuatim consuevit. Et
hanc concordiam et pacem utraque pars juramento prestito se pro-
misit servaturam. In cujus rei testimonium, presentibus litteris
sigillum nostrum duximus apponendum. Datum anno Domini
MCCVI, die sabbati proximo ante festum Simonis et Jude,
Valloniis* (1).

« A tous les fils de la sainte Église qui liront ces lettres, H. par
« la grâce de Dieu évêque de Coutances, salut dans le Seigneur.

______

(1) T. XIII des manuscrits de Mangon, p. 224 v°.

« Comme une contestation s'était élevée entre frère Étienne alors
« prieur d'Héauville, d'une part, et Pierre du....., de l'autre, à
« propos du service d'un cheval entier que le prieur réclamait de
« Pierre, du consentement des par...s, nous avons mis fin à ce
« différend par l'accord suivant, à savoir que ledit Pierre
« annuellement en la fête de Tous les Saints sera tenu de payer
« au dit prieur et à ses successeurs cinq sous tournois pour le
« service en question, sans préjudice des autres redevances que
« Pierre a coutume de payer chaque année pour ses tènements au
« dit prieur. Et les deux parties ont promis par serment de s'en
« tenir à cet accord et de vivre en paix. En témoignage de quoi
« nous avons cru devoir apposer notre sceau à ces lettres. Donné
« à Valognes l'an du Seigneur 1206 le samedi d'avant la fête saint
« Simon et saint Jude. »

Un des copistes de cette charte s'est sûrement trompé en
donnant un « H » pour initiale au nom de l'évêque auteur de
ce rescrit; en 1206, en effet, l'évêque de Coutances était Vivien
qui mourut seulement en février 1208 et non dès lors Hugues de
Morville.

Ce fut probablement le même prieur Étienne qui provoqua,
vers 1210, le confirmatur suivant : *Sciant presentes et futuri quod
ego Gaufridus de Prestravilla, miles, concessi et confirmari domui
de Heauvilla, priori et monachis ibidem Deo servientibus duo quar-
teria frumenti ad festum sancti Machaelis singulis annis reddenda,
in molendino meo de Toufreivilla, sicuti ea in retroactis temporibus
de donatione predecessorum meorum de Sotevast habuerant, in
perpetuam elemosinam. Ut autem hec concessio stabilis et inconcussa
permaneat, carta mea et sigilli mei appensione dignum duxi
roborare* (1).

« Sachent tous que moi Geoffroy de Prestreville, chevalier, j'ai
« concédé et confirmé en perpétuelle aumône à la maison d'Héau-
« ville, au prieur et aux moines qui y servent Dieu, deux
« quartiers de froment, prenables chaque année en la fête saint
« Michel, dans mon moulin de Toufresville, comme d'ailleurs ils
« y avaient droit aux temps passés par donation de mes prédé-
« cesseurs de Sottevast. Et pour que cette concession demeure

(1) Manuscrit de Mangon, XIII, p. 238.

« stable et incontestée, j'ai jugé bon d'en donner cette charte
« munie de mon sceau (1). »

Ce même Geoffroy de Prestreville, « successeur héritier » (2)
d'Eudes de Sottevast, venait de confirmer, à peu près dans les
mêmes termes et sans doute dans le même temps, les donations
faites à l'abbaye du Vœu, c'est-à-dire les églises de Vasteville et
de Hardinvast, etc. De plus, en cette année 1210, désirant faire
mieux que confirmer les libéralités de ses ancêtres, le même
Geoffroy, dans une charte (3) où il est appelé « de Prestevilla (4) »,
donne devant Hugues, évêque de Coutances, « aux religieux de
Blancheland de tout droit et toute seigneurie, qu'il avait en un lieu
appelé Saint-Michel-d'Étoubelon et dans toutes ses dépendances
autour d'Étoublon, ainsi que sur la foire qui se tient en un lieu
assis en Sotteville et faisant vaindif au territoire d'Helleville. »
Séance tenante Hugues de Morville confirma cette charte qui est
intitulée : « Carta fundationis prioratus S^{ti} Michaelis d'Es-
toubelon. »

C'est aussi en cette même année 1210 que fut réglé entre le
prieur d'Héauville, d'une part, Thomas de Gorges et sa sœur
Emma, de l'autre, l'arrangement que nous avons rapporté (5)
d'après Toustain de Billy. Malheureusement notre historien avait
cité d'une façon incompréhensible et incomplète le passage ayant
trait aux droits de moulins que se réservait le seigneur de Gorges.
Aujourd'hui, les copies de Mangon (6) et de Gaignières (7) nous
permettent de rectifier et de compléter. Il fallait lire : « excepté
« mes moulins et tous les ouvrages qu'il faudra faire pour les
« améliorer, excepté aussi la huitième partie du Varec entre le

(1) C'est encore aux extraits latins, 5111, I, p. 203, que nous trouvons le
dessin de ce sceau : écu chargé d'un lion rampant, avec un lambel à quatre
pendants, ayant pour légende :

S'. GAVFRIDI : DE : PRESTRAVILLA

(2) Archives de la Manche, cartulaire de Notre-Dame du Vœu, II, 2311 et 2315.
(3) Ibidem, cartulaire de Blanchelande, II, 138 et 1362.
(4) Il y a dans le canton de Lisieux (2ᵉ section) une commune qui s'appelle
Prêtreville. Il n'y aurait rien d'étonnant que notre Geoffroy tirât de là son
nom, puisqu'il appartenait à la maison de Sottevast, branche de celle de
Bricquebec, qui avait de grandes possessions dans ces quartiers-là.
(5) *Notes hist.*, *R. C. N.*, n° du 15 mai 1898, p. 150 et T. P., p. 32.
(6) T. XIII, p. 224 des manuscrits de Grenoble.
(7) Extrait latin 5111, I, p. 200, à la Bibliothèque Nationale.

« ruisseau de Toutfresville (1) et celui d'Ouville..... De plus moi
« et mes héritiers nous devons garantir aux dits abbé et couvent
« tout l'échange en question, si cela était nécessaire, sur notre
« plus proche tènement. »

Donation d'un quartier de sel. — Voici maintenant la copie, communiquée à M. Delisle par M. de Gerville, d'une donation en vertu de laquelle, sous la date extrêmement contestable de 1224, le prieuré d'Héauville s'enrichit d'une rente de nature éminemment utile : *Noscant presentes pariter et futuri quod ego Gaufridus miles dominus Graffart, conscientia delictorum tactus necnon divino successus amore ac de meritis gloriosi pontificis Martini confisus, pro salute et remedio anime mee ac dilecte conjugis mee Aremburgis omniumque predecessorum et successorum meorum parentum et consanguineorum, do et concedo in perpetuam et irrevocabilem elemosinam monachis ecclesie de Heauvilla unum quarterium salis ad mensuram de Barnevilla, levandum et quotannis percipiendum a memoratis monachis per me quoad vixero et per successores meos, habendum et solvendum in domo mea predicta de Graffart in vigilia beati Johannis Baptiste. Verum ne hujus elemosine forsan labatur memoria, volo et concesserunt monachi predicti ut eciam quotannis in predicta sancti Johannis vigillia per se vel alium salis quarterium petituri et quesituri unum sertum ex rosis compactum afferant et decenter offerant. Ut autem hec presens cartula firmiori robore validetur, hanc proprii nominis caractere manu mea munire equum duxi, presentibus testibus inferius descriptis, scilicet Gauffredo filio Osberti, Sanselino de Constantia, Joscelino de Regondio, W. presbitero, Roberto Filiol et aliis compluribus. Anno a nativitate Domini M°CC°XX°IIII°, Henrico Anglorum rege Normannie ducatum obtinente.* (Signé :) *Gauffredus.*

« Sachent tous présentement et à l'avenir que moi Geoffroy,
« chevalier, seigneur de Graffart, conscient de mes péchés,
« enflammé de l'amour divin et confiant dans les mérites du
« glorieux pontife Martin, pour le salut et remède de mon âme,
« de celles de ma chère épouse Aremburge, de tous mes prédé-

---

(1) Ruisseau qui se jette dans la baie de Vauville, entre Vasteville et Héauville. Quant à l'autre, peut-être faut-il lire Ourville et alors ce serait la petite rivière qui se jette au sud de Portail dans le havre m*me; car la paroisse d'Ouville (canton de Cerisy-la-Salle) est bien éloignée de la mer et le ruisseau qui y prend sa source n'est qu'un affluent (rive droite) de la Soule.

« cesseurs aussi bien que de mes successeurs parents et consan-
« guins, je donne et concède en perpétuelle et irrévocable aumône
« aux moines de l'église d'Héauville, un quartier de sel, mesure
« de Barneville, qui levé et perçu chaque année pour ces religieux
« par moi tant que je vivrai, puis par mes successeurs, leur sera
« remis et livré dans ma susdite maison de Graffart en la vigile
« de saint Jean-Baptiste. Et pour que le souvenir de cette aumône
« ne s'efface pas, je veux, et les moines l'ont accordé, que chaque
« année aussi en la vigile de saint Jean-Baptiste soit par eux-
« mêmes soit par l'entremise de celui qui viendra en leur nom
« demander et recevoir le quartier de sel, ils apportent et offrent
« convenablement une couronne de roses. Enfin, pour donner
« plus de force à cette petite charte, j'ai cru bon de la signer
« moi-même de mon propre nom en présence des témoins ci-
« dessous inscrits, à savoir Géoffroy fils d'Osbert, Sanscelin de
« Coutances, Joscelin de Regond, W. prêtre, Robert Foliot et
« nombre d'autres. L'an de la nativité du Seigneur 1224, Henri
« roi des Anglais tenant (ou obtenant) le duché de Normandie. »

Graffard était à ce moment déjà un château assez fort dominant
et commandant le havre de Carteret. Une famille portait son nom
dans le pays, car au commencement du xiiie siècle, nous trouvons
Robert Graffart, témoin de la charte par laquelle Thomas du
Hommet, fils du connétable Guillaume, donna à Sainte-Marguerite
de Gouffern une redevance de froment (1). En 1210, ce même
Robert Graffart assista à la donation de deux boisseaux aussi de
froment sur le moulin Cornai en Tribehou faite à l'abbaye de
Hambie par Raoul de Fierville (2), seigneur de Tribehou. En cette
même année (1210), suivant Toustain de Billy (3), un Raoul
Graffart, seigneur du Mesnil-Bonant, et Mathilde, son épouse,
donnèrent le patronage de leur église à la même abbaye de
Hambie. Il est vrai que M. Renault (4), parlant de cette donation à
propos du Mesnil-Bonant, n'a pas osé traduire le nom du donateur
et l'appelle Raoul « de Grosfarto ». En 1232, nous rencontrons
encore le nom de Georges Graffart, témoin de la charte (5) par

(1) *Extraits des chartes du Calvados,* par Lechaudé d'Anisy, II, p. 278.
(2) Archives de la Manche, cartulaire de Hambie, II, 4537.
(3) *Histoire ecclésiastique du diocèse de Coutances,* I, p. 333.
(4) *Annuaire de la Manche,* 1854, p. 105.
(5) Archives de la Manche, cartulaire d'Annay, II, 40.

laquelle Rioul de Hermenville donne aux moines d'Aunay, établis à la Boulaie (en Thorigny) un domaine assez considérable en terre et en bois situé dans la paroisse de Condé-sur-Vire.

Quant au château et au demaine proprement dit de Graffard ils passèrent de bonne heure à des Le Fèvre, si toutefois ce ne fut point un membre de la famille primitive qui prit ce nom : nous voyons en effet en 1342 Géoffroy Le Fèvre et son frère Richard de Graffard vendre à Guillaume de Thiéville, évêque de Coutances, une cour et une maison destinées à l'agrandissement de la sacristie de sa cathédrale. Et, en 1606, cette famille n'était pas encore éteinte, puisque des Le Febvre de Graffard habitaient alors la Haye-d'Ectot (1).

Et maintenant revenons à notre document. Que peut donc signifier le dernier membre de phrase, qui, sous prétexte de préciser la date, la rend fort discutable? En effet, au temps indiqué, 1224, le roi qui régnait en Angleterre s'appelait bien Henri et s'arrogeait encore le titre de duc de Normandie, mais ce duché était réuni à la France depuis vingt ans. Peut-être le seigneur de Graffard prenait-il ses désirs pour une réalité. C'est qu'à ce moment, à la fin du règne de Louis VIII occupé contre les Albigeois, les barons anglo-normands regrettaient plus que jamais cette séparation violente de l'Angleterre et de la Normandie, qui avait nécessairement diminué leur fortune à la suite des confiscations opérées par chaque souverain sur les biens de ceux qui ne suivaient pas son parti. De plus, cette séparation avait scindé les familles et rendu très difficiles les relations de parenté; en sorte qu'un grand .nombre, surtout dans le Cotentin, regrettaient vivement l'ancien état des choses. De fréquents froissements, inévitables à une époque de transition, vinrent encore aviver tous ces regrets et amenèrent bientôt, dans les premières années du règne de saint Louis, cette conspiration (1228 ou 1230) des Pesnel qui, aidés du roi d'Angleterre et du duc de Bretagne, mirent en péril l'œuvre de Philippe-Auguste. Mais en 1224 ce soulèvement n'était encore qu'à l'état de projet et dès lors ne peut nullement expliquer notre difficulté. Il est donc probable qu'il faut lire 1124 au lieu de 1224, et dans cette hypothèse, l'explication ajoutée à la date pourrait faire allusion à l'espèce de révolte de beaucoup de

(1) *Recherche de noblesse*, par G. Chamillard, p. 371.

barons de la Haute-Normandie en faveur de Guillaume Cliton, fils
de Robert Courte-Heuse. Soit intérêt, soit vraie fidélité, soit en
vertu de cette rivalité constante entre la Haute et la Basse-
Normandie, qui plusieurs fois sauva les ducs, le Cotentin, resté
fidèle à Henri Ier, lui fournit de nombreux soldats qui battirent à
Bourg-Théroulde (26 mars 1124) « la fine fleur de la chevalerie de
France et de Normandie » et le roi d'Angleterre occupa de nouveau tout le duché. Ne serait-ce pas là une explication acceptable
de la phrase *obtinente ducatum Normannie?* A moins qu'on aime
mieux y voir une espèce de protestation rappelant que le vrai duc
de Normandie existait encore enfermé à Hastingues et que, pour
Géoffroy de Graffard, si le roi des Anglais *tenait* le duché, il n'était
pas pour cela « le duc des Normands ».

Quoiqu'il en soit, voici un autre document qui nous remet en
présence de Thomas de Gorges, alors propriétaire du fief de Rafoville : *Ego Thomas de Gorgiis, miles, notum facio universis pre-
sentem cartam inspecturis quod talis concordia facta est inter me,
ex una parte, et priorem de Heauvilla ex altera. quod scilicet
medietas de Buevilla est de feodo de Rafovilla: in altera medietate
prior de Heavilla habet quatuor partes de novem portionibus. In
landis vero et molendino de quibus contentio erat inter nos habebit
dictus prior alterius medietatis quatuor partes de novem portionibus,
excepto uno quarterio frumenti, quod ego Thomas capiam in molendino de parte dicti prioris, pro parte calceie quod firmatur in terra
mea. Tria autem clausa qui erant in contentione remaneant dicto
priori ad finem sine reclamatione mei vel heredum meorum. Homines
vero mei et dicti prioris, qui moltarii erant molendini veteris, in
quo capiebat predictus prior quatuor partes de novem portionibus
medietatis contra me, erant moltarii duorum molendinorum, ad
consuetudines quas habebant in veteri molendino. Et per hanc
concordiam remanebunt omnes contentiones que erant inter nos. Pro
hac vero pace tenenda, dedit mihi dictus prior v. libras turonensium.
Quod ut firmum sit cartam hanc sigilli mei appensione roborari.
Actum apud Karentonium anno Domini MCCXXVII* (1).

« Moi Thomas de Gorges, chevalier, je fais savoir à tous ceux
« qui liront cette charte que l'accord suivant a été fait entre moi

(1) Manuscrits de Mangon, XIII, p. 225 v°, et Gaignières, extraits latins, 5111,
l. p. 202, à la Bibliothèque Nationale

« d'une part et le prieur d'Héauville de l'autre, à savoir : la moitié
« de Biville dépend du fief de Rafoville et le prieur d'Héauville
« tient quatre parties de l'autre moitié. Quant aux landes et aux
« moulins au sujet desquels contestation s'était élevée entre nous,
« le dit prieur aura quatre des neuf parties de l'autre moitié,
« excepté un quartier de froment que moi Thomas prendrai sur
« le moulin de la partie du dit prieur, eu égard à la partie de
« redevance (*calceie*, en chaussures? ou en éperons?) due par ma
« terre. Pour les trois clos en litige, qu'ils demeurent à jamais
« au prieur sans réclamation de moi ni de mes héritiers. Mais
« mes hommes et ceux du prieur, qui étaient « moutains » du
« vieux moulin dans lequel le prieur percevait contre moi quatre
« portions sur neuf de la moitié des revenus, seront tenus pour
« les deux moulins aux services qu'ils devaient au vieux moulin.
« En vertu de cet accord prendront fin tous les différends existant
« entre nous, et pour assurer cette paix le prieur m'a payé
« cinquante livres tournois, tandis que moi, pour donner plus de
« valeur à cette charte, j'y ai appendu mon sceau. Fait à Carentan
« l'an de Seigneur 1227. »

La copie de Gaignières assigne 1226 comme date à cette pièce
et en plus nous fournit la description du sceau de Thomas de
Gorges, dont le champ est rempli par neuf circonférences concen-
triques et porte pour légende :

SIGL'. THOME : DE : GORGIIS

Ce sceau, on l'aura déjà remarqué, ressemble beaucoup à celui
de Guillaume du Bosc décrit plus haut et cette ressemblance
paraît indiquer que les de Gorges et les Rafoville ne formaient
qu'une seule et même famille, branche de celle de Bohon.

Je ne sais au juste ce que devint ce seigneur Thomas mais,
entraîné très probablement par ses alliances avec la famille de
Bohon presque tout entière devenue anglaise, Thomas de Gorges
prit part en 1230 à la conspiration et au soulèvement des Pesnel
contre le jeune roi de France Louis IX. Le roi d'Angleterre
Henri III, débarqué à Saint-Malo, s'avança rapidement vers le
Cotentin pour y soutenir ses alliés. En passant il prit Saint-James;
Pontorson se rendit sans résistance et c'est peut-être à cette place
forte que fait allusion un jugement de l'Échiquier de Normandie
rendu en 1237 contre « Thomas de Gorges, qui livra une forte-

resso du seigneur roi en la main de ses ennemis et s'en alla en
Angleterre (1). » C'est qu'en effet la rév...te fut promptement
vaincue, malgré cette intervention de Henri III aidé du duc de
Bretagne, les révoltés prirent la fuite et, comme le château des
Pesnel à la Haye, le manoir de Thomas, atteint lui aussi de forfai-
ture, fut détruit, rasé, ses biens confisqués (2) et leur revenu, au
moins en partie, fut dès lors incorporé aux recettes de la seigneurie
de Valognes (3), tandis que le roi de France devenait patron de
cette partie de Gorges attachée au fief du chevalier infidèle.

Au temps même où allaient éclater ces troubles, nous rencontrons le confirmatur suivant : *Ego Guillelmus de Ketenilla concessi
et confirmari elemosinam quam Willelmus Guillier* (ou *Gaultier*)
*fecit abbatie Majoris Monasterii et prioratui de Heauvilla, de tertia
parte totius terre sue, possidendam libere et quiete sicut alias
elemosinas ejusdem domus in eadem villa, excepta molta mei
molendini. Et ut concessio..... Actum est hoc anno ab incarnatione
Domini MCCXXIX* (4).

« Moi, Guillaume de Quetteville, j'ai concédé et confirmé
« l'aumône que Guillaume Guillier (ou Gaultier) fit à l'abbaye de
« Marmoutier et au prieuré d'Héauville du tiers de toute sa terre,
« à posséder librement et franchement comme les autres aumônes
« de cette maison dans le même fief, excepté toutefois la mouture
« et les services de mon moulin..... Fait l'année de l'Incarnation
« du Seigneur 1229. »

La copie de Mangon donne au confirmateur le nom de Guillaume
de Bréteville, mais c'est là sûrement une mauvaise lecture.

X

MARTIN (1250 jusque vers 1280)

Le premier prieur dont nous ayons trouvé le nom depuis Frère
Étienne est ce Martin, que lors de sa première visite (8 des

(1) *Notices et extraits des manuscrits de la Bibliothèque impériale*, XX, II,
377 : jugements de l'Échiquier, n° 605 *ad ann. 1237.*

(2) *Nobiles illi miserabiliter fecerunt, Rex Francorum in continenti exhede-
ravit eos, castella et omnia quæ illis erant potenter in sua jura convertens*
(Matthieu, Paris, *Hist. Major.*).

(3) Archives de la Manche, A, 3851, 3810, 3866, etc.. et *Polypticum diœcesis
Constantiensis*, p. 512.

(4) Bibliothèque Nationale, extraits lat. 5111, I, p. 200 et Mangon, t. XIII, p. 225.

calendes de septembre 1250) Eudes Rigault trouva tout nouvelle-
ment arrivé à Héauville (1). Ce fut lui aussi que le même
archevêque de Rouen y rencontra dans ses deux autres passages
(1256 et 1266), au dernier desquels Martin, qui avait été guéri de la
goutte par l'intercession du bienheureux Thomas Helye, conduisit
Eudes Rigaud à Biville pour y prier sur le tombeau du saint
prêtre.

En l'année suivante, fut arrêté, entre l'abbaye de Blanchelande
et le prieur d'Héauville, un accord dont voici la copie : *Universis
presentes litteras inspecturis et audituris, G. Dei patientia abbas de
Alba Landa Premonstratensis ordinis, diocesis Constantiensis et
ejusdem loci conventus humilis, salutem in Domino. Noveritis, quod
cum contentio verteretur inter nos ex una parte et reverendum
virum abbatem et conventum Majoris Monasterii Turonensis et
priorem de Heauvilla Constantiensis diocesis et nomine dicti prioratus ex altera super jure patronatus ecclesie Sancti Martini de
Bellosa et super decimis garbarum, primiciis et oblacionibus ejusdem
ecclesie, tandem inter nos et ipsos religiosos super premissis ad hanc
pacem et concordiam devenimus in hunc modum, videlicet quod
patronatus dicte ecclesie et ejusdem oblationes et predicte primitie et
tertia pars dictarum decimarum nobis perpetuo remanebunt et due
partes dictarum decimarum, cum hebergeamento seu platea sita
prope seu juxta cemeterium dicte ville de Bellosa, cum ejus perti-
nentiis universis, eisdem abbati et conventui Majoris Monasterii
similiter remanebunt. Nos vero, pro bono pacis, priori prioratus
eorum de de Heauvilla qui pro tempore fuerit I. solidos turonensium
in festo Sancti Michaelis in dicto prioratu de Heauvilla annis singulis
reddere tenebimur. Ad que omnia et singula tenenda et sequenda ac
inviolabiliter perpetuo observanda, nos cum omnibus bonis nostris
obligamus specialiter et expresse. In cujus rei testimonium et argu-
mentum, eisdem abbati et conventui Majoris Monasterii presentes
dedimus litteras, sigillorum nostrorum munimine roboratas. Datum
mense novembri, anno Domini MCCLXVII (2).*

« A tous ceux qui liront ou entendront les présentes lettres,

<hr>

(1) *Notes hist.*, R. C. N., n° du 15 mai 1898 (8e année), p. 13, et T. P., p. 31.

(2) Manuscrit de Mangon, XIII, p. 220; — Gaignières, extraits latins, manuscrit 5111, I, p. 203, à la Bibliothèque nationale; — et aussi Archives de la
Manche, série H, liasse 181.

« G. (1) par la patience divine, abbé de Blanchelande, ordre de
« Prémontré, diocèse de Coutances et l'humble couvent du même
« lieu, salut dans le Seigneur. Vous saurez qu'un différend s'étant
« élevé entre nous d'une part et révérend homme l'abbé, le
« couvent de Marmoutier près Tours et le prieur d'Héauville,
« diocèse de Coutances, au nom du dit prieuré, d'autre part, à
« propos du droit de patronage de l'église Saint Martin de la
« Bellose, à propos aussi de la dîme des gerbes, des novales et sur
« les oblations appartenant à cette église, nous nous sommes
« enfin, sur ces questions, accordés comme il suit : le patronage
« de la dite église, ses oblations, ses novales et le tiers des dîmes
« nous demeureront perpétuellement, les deux autres parts des
« dîmes avec l' « hebergeamento » ou place située auprès du
« cimetière de la paroisse de Bellose et toutes ses dépendances
« appartiendront de même perpétuellement à l'abbé et au
« couvent de Marmoutier. De plus pour le bien de la paix, nous
« serons tenus de verser chaque année, en la fête du bienheureux
« Michel, au prieur de leur prieuré d'Héauville L sols tournois
« payables en sa maison aux mains de celui qui pour lors
« tiendra cette charge. Et nous engageons spécialement et
« expressément, pour le maintien perpétuel et irrévocable de
« toutes et chacune des clauses de cet accord, nous et tous nos
« biens. En témoignage de quoi nous avons donné à l'abbé et au
« couvent de Marmoutier les présentes lettres revêtues de nos
« sceaux. Donné au mois de novembre, l'an du Seigneur 1267. »

Ce document nous promettait au moins deux sceaux, ceux de
l'abbé et du couvent de Blanchelande. Suivant sa coutume,
Mangon n'en donne point et Gaignières en décrit seulement un.
portant : un abbé, avec la légende :

† S. GVILL'MI : ABBIS : DE : BLANCA LANDA.

(1) Guillaume n'est pas cité dans la liste du *Neustria Pia*. Le *Gallia christiana* (XI, col. 916) lui assigne le onzième rang parmi les abbés de Blanchelande et l'appelle Guillaume Aubert de Sainte-Mère-Église. Il aurait succédé
en 1260 à Pierre de Sainte-Mère-Église qui, dès lors, n'aurait fait que passer sur
le siège abbatial si vraiment Thomas de Sainte-Mère-Église (neuvième abbé) est
mort le 27 octobre 1260; il faudrait même reporter les élections de Pierre et
de Guillaume à deux ans plus tard, si, comme le rapporte Jean de Colomby,
Thomas mourut seulement le 4 des ides de septembre 1262. L'accord ci-dessus

Nous l'avons dit (1), Guillaume le Bâtard avait donné en 1048 à Marmoutier pour le prieuré d'Héauville, la moitié de Guernesey ; de laquelle donation faisait partie « l'église Saint Martin de la Berlose en toute intégrité..... et la dîme de tout ce qui, tant en fruits qu'en animaux, appartient à cette église..... » De plus, le duc explique clairement que le droit de présentation appartient à l'abbé et par lui au prieuré d'Héauville en faveur de qui la libéralité est faite (2). Cependant, douze ans après, lors de la fondation de la collégiale de Cherbourg, le même duc Guillaume semble n'avoir plus présente à la mémoire l'étendue de cette donation quand il assigne, entre autres biens, au chanoine Judicaël « cent acres de son domaine dans l'île de Guernesey en la paroisse Saint Martin de la Berlose et tout le revenu de cette église, excepté deux gerbes appartenant aux moines de Marmoutier (3) ». De là sans doute, quoique nous n'en ayons point de preuves certaines, naquirent bientôt des dissensions entre Héauville et la collégiale. Toujours est-il que cette dernière ne garda longtemps qu'une partie de cette libéralité, puisqu'en 1198 elle ne possédait plus à ce titre par l'un de ses chanoines, Robert de Sainte-Mère-Église, qu'une charruée et demie de terre avec droits de garenne, varec et libre moulin. Jouissait-elle d'autres droits sur la paroisse de Bellose ? Ils étaient au moins contestables, puisque ce Robert ayant résigné sa prébende entre les mains de Jean sans Terre, alors comte de Mortain, et celui-ci l'ayant donnée à Blanchelande, cette maison prétendit dès lors, il est vrai, au patronage de cette paroisse, que le *Livre Noir* lui reconnut même en 1251, mais que lui contestaient ou du moins lui contestèrent bientôt Marmoutier et Héauville. Contestations qui, il faut le reconnaître, ne manquaient pas de fondement, puisque, pour en amener la fin, les chanoines de Blanchelande se résignent aux sacrifices relativement importants qu'ils nous signalent eux-mêmes dans les lettres que nous venons de transcrire.

cité prouve que du moins Guillaume était abbé de Blanchelande en 1267 ; il y mourut en 1271, le 11, le 19 ou le 20 novembre, car on trouve ces trois différentes dates indiquées pour son décès.

(1) *Notes hist.*, R. C. N., n° du 15 mai 1898, p. 129, et T. P., p. 10.

(2) Même ouvrage, p. 129 et p. 11.

(3) *Étude sur la fondation de Notre Dame du Vœu*, R. C. N., n° du 15 juillet 1900, et T. P., p. 17 et 18.

Accord avec l'abbaye du Vœu. — Voici un autre accord passé cette fois entre notre prieuré et l'abbaye du Vœu, près Cherbourg. Malgré beaucoup de recherches, je n'ai pu en préciser l'époque, mais sûrement cette date est plutôt antérieure que postérieure à celle de l'acte précédent : *Notum sit omnibus, tam presentibus quam futuris, quod a controversia que erat inter abbatiam Sancte Marie de Voto et obedientiam Heiauville, scilicet de calumnia decime duorum hominum de Torfrevilla, Galterii Vaslesti et Guillermi filii Jugelli* (plutôt *Nigelli*), *hominum Sancti Martini, per legalem concessionem patris et judicium regalis curie Parisius concordia ita facta est, ut sciat audientium universitas illam ecclesiastica consideratione atque regia esse terminatam atque pacificatam, donatione cujusdam terre, centum solidos empte ab illo eisdem hominibus pro quorum decima inter prefatas domos seditio fuerat orta, que ab abbate sancte Marie de Voto Heiauvillensi obedientie donatur, ut hac conditione altercatio penitus remaneat et sepeliatur. Hujus rei testes sunt qui conditioni interfuerunt, scilicet Radulfus capellanus, Philippus de Brotentot, Robertus Millonis filius, Ricardus organista, Ricardus cantor et multi alii* (1).

« Qu'il soit connu de tous maintenant et à l'avenir, que
« touchant le différend survenu entre l'abbaye Sainte Marie du
« Vœu et le prieuré d'Héauville, c'est à dire à propos de cette
« chicane soulevée sur la dîme de deux hommes de Toutfresville,
« Gaultier Vaslet et Guillaume fils Néel, hommes de Saint Martin,
« l'accord s'est fait comme il suit, en vertu de la permission
« légale du père (abbé ?) et d'un jugement rendu en cour royale à
« Paris : sachent tous ceux qui entendent que à cause de cette
« double intervention ecclésiastique et royale, le différend a été
« terminé par la donation d'une terre achetée cent sous de ces
« mêmes hommes dont la dîme avait occasionné la discorde et
« que l'abbé de Sainte Marie du Vœu donne au prieuré d'Héau-
« ville à condition que ce démêlé soit complètement fini et à
« jamais oublié. De quoi sont témoins ceux qui intervinrent à
« l'arrangement, savoir, le chapelain Raoul, Philippe de Brotentot,
« Robert fils Milon, l'organiste Richard. le chantre Richard et
« beaucoup d'autres. »

(1) Manuscrit de Maugon, XIII. p. 221.

XI

JEAN DE ROUVILLE

Martin mourut vers 1280. Il est peu probable que son successeur immédiat ait été ce Frère Jean de Rouville, prieur d'Héauville, qui nous est signalé par Trigan (1) comme ayant participé, le 19 octobre 1317, avec Allain, curé de Biville, et plusieurs autres personnages ecclésiastiques, à la fondation de la confrérie du bienheureux Thomas Hélye.

XII

PIERRE SALMON

Ce prieur, dont nous avions cité le nom dans un acte de 1327 (2), fut sans doute celui qui obtint le confirmatur suivant, dont la teneur me semble trop curieuse pour ne point le transcrire ici : *Notum sit presentibus et futuris quod ego Gaufridus, possessor de quodam feodo dicto de Graffard, in Barnevilla prope mare situato, do et concedo temporibus perpetuis Beato Martino Majoris Monasterii et priori prioratus de Heauvilla unum quarterium salis, ad mensuram dicti loci de Barnavilla, pro salute anime mee parentumque meorum; et in [recompensatione] idem prior dedit mihi quoddam sertum roseum, in dicto loco de Graffard, in vigilia sancti Johannis Baptiste mihi reddendum, per quemdam subditorum suorum, dictum quarterium salis in eodem loco recepturum. In cujus rei testimonium, sigillum meum apposui, Presentes fuerunt Guillermus de Constanciis, Petrus filius Osberti et plures alii. Secundo die februarii, anno ab incarnacione MCCCXXXII (3).*

« Qu'il soit connu de tous présentement et à l'avenir, que moi
« Geoffroy, possesseur d'un certain fief appelé de Graffard, situé
« en Barneville, non loin de la mer, pour le salut de mon âme et
« de celles de mes parents, je donne et concède perpétuellement
« au bienheureux Martin de Marmoutier et au prieur d'Héauville,

(1) *Vie de M. Paté, curé de Cherbourg*, p. 313.
(2) *Notes hist.*, R. C. N., n° 15 juillet 1898, p. 51, et T. P., p. 13.
(3) Manuscrit de Mangon, XIII, p. 226 v°.

« un quartier de sel, à la mesure du dit lieu de Barne···le : en
« retour le même prieur me donna une couronne de roses
« portable au dit lieu de Graffard, en la vigile de saint Jean
« Baptiste, par un de ses sujets, venant chercher le quartier de
« sel. En témoignage de quoi j'ai apposé mon sceau en présence
« de Guillaume de Coutances, Pierre fils Osbert et plusieurs autres,
« le 2 février l'an de l'Incarnation 1332. »

XIII

★ PHILIPPE DE MORTVILLIERS

Le successeur de Pierre Salmon fut sans doute Philippe de
Mortvilliers. Ce religieux appartenait-il à la grande famille d'où
sortit plus tard (1410 à 1430) Philippe de Mortvilliers, premier
président au Parlement, et au siècle suivant Jean de Mortvilliers,
qui était doyen du Chapitre d'Évreux quand il fut élu évêque
d'Orléans (27 avril 1552)?

Quoiqu'il en soit, notre prieur donna, pour une cause qui nous
est inconnue, lieu à une enquête canonique, et fut obligé, à tort
ou à raison, de quitter sa charge.

De là sans doute de vives réclamations de la part des moines de
Marmoutier, si jaloux, comme tous les autres d'ailleurs, de leurs
immunités; de là aussi le document suivant : *Universis presentes
litteras inspecturis et audituris, Guillermus miseratione divina
Constantiensis episcopus, salutem in Domino. Noveritis quod per
informacionem per discretum virum magistrum de Sola, gerentem
vices nostras in archidiaconatu de Constantino, sigilliferumque curie
nostre apud Vallonias, contra religiosum virum fratrem Philippum
de Morte villari, monachum Majoris Monasterii prope Turonis,
priorem quondam prioratus de Heaurilla, premonstrate diocesi
immediate subjecti, factam, aut occasione vel pretextu ipsius, non
fuit nec est intentionis nostre privilegiis, libertatibus, exemptionibus,
immunitatibus dicto monasterio et ejus membris eorumque singulis
ab apostolica sede concessa in aliquo prejudicare, seu quovis
derogare, vel aliquam jurisdictionem seu subjectionem nobis acqui-
rere in monasterium eorumdem monachorum et ministros. Quin
imo, si que per eundem magistrum Guillermum contra privilegia,
libertates, exemptiones et immunitates facta fuerint in hac parte, ea*

haberi volumus pro infectis. Datum teste sigillo nostro, die jovis post festum Gloriose, anno Domini MCCCXXXVI (1).

« A tous ceux qui liront ou entendront lire ces lettres,
« Guillaume (2) par la miséricorde divine, évêque de Coutances,
« salut dans le Seigneur. Sachez qu'une information ayant été
« faite par discrète personne M^{tre} Guillaume de Soule, notre
« délégué dans l'archidiaconé de Cotentin et garde des sceaux de
« notre cour de Valognes, contre religieux homme Frère Philippe
« de Mortvilliers, moine de Marmoutier, près Tours, jadis prieur
« du prieuré d'Héauville immédiatement soumis à ce diocèse,
« sachez que par ou à l'occasion ou sous prétexte de cette infor-
« mation, il n'a point été et n'est point dans nos intentions de
« porter atteinte en quoi que ce soit, ni de déroger d'aucune
« manière, aux privilèges, aux libertés, aux exemptions, aux
« immunités accordés par le Siège apostolique au dit monastère
« et à chacun de ses membres, ni d'acquérir quelque juridiction
« ou autorité sur le monastère et les officiers de ces moines. Bien
« plus nous voulons que tout ce qui en cette partie aurait été fait
« par le même M^{tre} Guillaume contre leurs privilèges, libertés,
« exemptions et immunités soit considéré comme nul et non
« avenu. Donné sous notre sceau le jeudi d'après la fête de la
« Glorieuse (Vierge Marie) l'an du Seigneur 1336. »

XIV

★ THOMAS DANCE

Gaignières nous a, dans sa collection, conservé l'extrait (3) d'un acte en date du 4 mai 1398, auquel est cité le nom de Mre Thomas Dance (peut-être Dancel), prieur d'Héauville.

Mangon nous donne sous la même date l'extrait d'une sentence rendue « es jours des eaux et forêts tenus à Valognes par Jean
« de V..., escuier maistre et enquesteur pour le roy tres tant en
« son domaine comme aux terres que y souloit avoir et tenir le
« roy de Navarre, 4 may 1398, Bois au prieur de Héauville, et

(1) Manuscrit de Mangon, XIII, p. 226 v°.
(2) Guillaume de Thiéville, évêque de 1313 à 1317.
(3) Manuscrit latin, 5111, p. 201, à la Bibliothèque nationale.

« insère la lettre du roy Henry ci dessus (1) par transcript soubs
« le scel de la vicomté de Valoignes le jeudi après la saint Nicolas
« 1323 ; et permis d'y prendre bois pour la réédifier et y demourer,
« pour la ruine des guerres et pour le fait de la forteresse de
« Chierbourg, qui n'en est qu'a deux lieues, etc. En faisant
« procès verbal et devis (2). »

Comme on le voit par cette pièce, si tronquée soit-elle, notre
prieuré d'Héauville avait été fort éprouvé dans les luttes qui
désolèrent la contrée depuis le commencement (1329) de la guerre
de cent ans. Et certes sa destruction plus ou moins complète n'a
rien qui puissse nous surprendre : c'est qu'en effet, malgré les
nombreux sacrifices que s'imposaient les habitants (3) sous prétexte d'obtenir l'éloignement ou de s'assurer la protection des
divers belligérants, ce n'était, à l'état de guerre ou de paix
relative, ce n'était dans le Cotentin qu'allées et venues d'Anglais,
de Navarrais, de routiers des grandes compagnies, des troupes
elles-mêmes du roi de France, chacun travaillant pour son propre
compte, pillant ce qui avait été déjà pillé, détruisant pour
détruire, ruinant tout et tous, en apparence pour enlever tout
subside aux adversaires, presque toujours par cupidité et recherche
du butin.

Le siège de Saint-Sauveur-le-Vicomte (27 décembre 1372 au
3 juillet 1375) fut une nouvelle épreuve pour ces quartiers, où
dut s'approvisionner l'armée française relativement nombreuse.
Si encore la prise de cette place forte eût dégagé le Cotentin !
Mais Charles de Navarre avait livré Cherbourg aux Anglais, qui y
entretinrent une garnison si solide, qu'en vain Bertrand du
Guesclin parut deux fois sous ses murs et en tenta le siège. Bien
plus, ces attaques réitérées occasionnèrent au pays de nouveaux
malheurs, car pour se venger des communes qui avaient éner-
giquement concouru à la prise de Saint-Sauveur et pour ne point
courir les mêmes chances à Cherbourg, les Anglais, nous dit
Froissart (4), « retrairent toutes ces gens par deça le clos que on

(1) Charte de Henri duc des Normands, datée d'Argentan, nous dit une note
marginale. Il s'agit plutôt du confirmatur de Henri Ier cité plus haut.
(2) Manuscrit de Mangon, XIII, p. 233.
(3) Voir quelques-uns de ses arrangements, *Histoire de Saint-Sauveur*, par
M. L. Delisle, n° 110 des preuves; et Toustain de Billy : *Du Cotentin*, p. 39.
(4) VII, p. 126.

dit du Cotentin » et 'ce pays, le « plus gras pays du monde », ne
fut plus qu'une solitude, si bien qu'une procédure du temps nous
raconte « qu'entre Valoingnes et Chierbourg n'estoient aucuns
demourans n'y habitans pour cause des guerres. » Les morts de
du Guesclin et de Charles V ne firent qu'augmenter le mal; la
France, dévorée par les factions, devient incapable de tout effort
sérieux et c'est vainement que Charles de Navarre tente de rentrer
en possession de Cherbourg; les Anglais, « mis dedans la ville
oncques n'en partiront, mais la tiendront comme leur bon héritage (1); » il dut la leur abandonner « jusqu'à un prochain parlement » qui se fit attendre douze ans encore.

Les troubles d'Angleterre et la mort de Charles le Mauvais
n'amenèrent point la paix dans notre Cotentin, qui ne tarda
même pas à être de nouveau pillé par le duc d'Arundel; après
quoi une trève de trois ans étant intervenue, la restitution de
Cherbourg fut négociée et la forteresse enfin remise au nouveau
roi de Navarre (2) fit retour au roi de France qui y mit garnison.
Une seconde trève de quatre ans et un traité de paix qui, négociée
à Paris pour vingt-huit ans, n'en dura que cinq, permirent enfin
aux Cotentinais de rentrer dans leurs foyers et d'en relever les
ruines. Ce fut alors qu'un moine de Marmoutier vint, lui aussi,
reprendre possession du prieuré d'Héauville réduit, d'après la
sentence ci-dessus citée, à un état déplorable. Tout y était à refaire
et pour y pouvoir demeurer il fallut le réédifier, comme durent
le faire d'ailleurs de leurs maisons les autres habitants du pays.

Toutefois, si ce fut Thomas Dance ou Dancel qui commença les
travaux, il dut les mener rondement s'il en vit la fin, car un
nouveau prieur,

XV

l'avait remplacé dès mars 1400 et, pour obtenir main-levée de son
temporel, rendait au roi l'aveu suivant : « En et soubz la souve-

(1) Froissart, VII, p. 111.
(2) En 1302, suivant la chronique de Pierre Cochon, p. 191, et seulement
en 1393 suivant Carte, II, p. 168, et Froissart, XIII, p. 187.

« raine et haulte justice du Roy n̄res, je frère Jehan Bourrey
« priour de heauville..... confesse et adveue tenir franchem̄t et
« noblem̄t plusieurs heritaiges en mon temporel et franc fieu de
« heauville de la fondāon dud priouré dont le chief est assis en
« la pr̄. dud lieu de heauville en la v^té de Vallongnes et sestent
« es pr̄. de helleville, de Bieville, de Vasteville et de saint X tosfe
« du faon et en plus. autres lieux..... par nul nombre ne membre
« de fieu..... et nen est deu selon la fondāon de lad priouré lors
« prières et oroisons excepte douze sols qui se lievent sur les
« hommes de lad priouré par le prevost dud priour qui les rent
« au comptoir du Roy n̄res a Valoingnes..... Ce fut fait le
« xxve jour de mars l'an mil CCCC (1). »

XVI

GÉOFFROY DE STAY

En 1413 Jehan Bourrey n'était plus prieur d'Héauville, puisqu'à
cette date nous avons vu (2) Frère Géoffroy de Stay agir en cette
qualité et y contracter, à propos du guet à Cherbourg, une entente
avec Jean Dubois, lieutenant du sire de la Trémouille, capitaine
de la dite place (3).

Mais les Anglais ne tardèrent pas à reprendre ouvertement une
lutte qui, en réalité, n'avait pas été interrompue. Le 13 août 1415,
Henri V descendit à la Fosse-de-l'Eure et, le 25 octobre suivant,
la funeste journée d'Azincourt le mettait à même d'entreprendre
tranquillement cette nouvelle conquête de notre province, dont
la prise de Cherbourg (22 août 1418) fut la dernière étape.

Le roi d'Angleterre était en fait redevenu duc de Normandie !
Ce fut sûrement à lui qu'un prieur, qui n'y dit point son nom,
rendit cet aveu : « Soubz la souveraineté et obéissance du Roy
« n̄re souverain seigneur nous les religieux et prieur de Heauville
« confessons et advouons tenir en la fondōon dudit priouré tenu
« par ung fieu de haubert entier et sestent aux parroisses de

(1) Av. du R., reg. P. 304, pièce n° LXXVI, f° LXI, r^o, à la Bibliothèque nationale.
(2) *Note: hist.*, R. C. N., n^o du 15 juillet 1898, p. 55, et T. P., p. 47.

(3) Plusieurs personnes très au fait de l'histoire locale ont bien voulu remarquer que le nom de ce capitaine ou gouverneur de Cherbourg n'avait point
encore été signalé à ce titre et que dès lors le document, dont l'original nous
appartient, ne manquait point d'importance.

« heauville, helleville, bieville travillo et illec éviron tenir noble-
« mont a simple gaige plego court et usage et eudit lieu et prieuré
« ay plusieurs hommages rentes en fourmens orges aveynes sens
« deniers aoues oyseaulx et le coulombier en plus especes carruez
« herchez services de prevostes services de fain et tous les preys
« dudit prieuré pluseurs places de moulin assises en la proisse de
« heauville. Lequel lieu avec ses apparten soulloit valoir en toutes
« choses cent livres tourn. ou environ et de pnt no vault que
« L livres ou environ pour loccasion de la guerre et doibt xii s. au
« Roy par chun an au terme de pasquez allans à la recepte de
« Valloingnes et pour ledit seigneur et pour les fondeurs dudit
« prieuré moy et les Religieux qui servons Dieu eudit prieuré
« sonnes tenus diro et faire dire prieres et oroisons en retenant ce
« pnt denombrement plus a plain augmenter ou diminuer se
« mestier est. En temoing de ce ledit prieur a scellé ce pnt adveu
« de son ppre scel le xxiii° jour de juing lan mil CCCC et dix
« neuf (1). » Et le même jour les gens de la Cour des Comptes de
Caen ayant « trouver led adveu et denombrement estre bien et
deument bailly » accordent la main levée du temporel (2).

<h1 style="text-align:center">XVII</h1>

PHILIPPE DE VARENNES

C'est au temps de l'occupation anglaise que s'écoule tout le
priorat de Philippe de Varennes (1427-1442) (3), et en partie celui
de son successeur :

<h1 style="text-align:center">XVIII</h1>

ROGER DE REVIERS (1442-1472)

Nous avons donné (4) d'assez nombreux documents se rattachant
au temps de ce prieur qui vit la Normandie reconquise sur les

(1) Av. du R., reg. 304, n° cmii××ii, f° vii××xviii r°. On trouve aussi cet aveu
dans les extraits d'un cahier sur vélin communiqué à M. L. Delisle par M. de
Gerville. Toutes les copies qu'il contenait et dont nous citerons la plupart, sont
de la fin du xv° siècle. Elles sont authentiques et à la suite de chacune d'elles
on lit : Collôn fite, Gaihambe Duhamel.
(2) Extrait du même cahier.
(3) *Notes hist.*, R. C. N., n° du 15 septembre 1898, p. 144-149, et T. P., p. 51 à 55.
(4) Même ouvrage, loc. citat., p. 149-156 et 55 à 62.

Anglais, définitivement chassés après la bataille de Formigny et la prise de Cherbourg (1450); cependant nous sommes aujourd'hui à même d'ajouter quelques pièces à la collection primitive. Toutes ont trait aux luttes que soutint Roger de Reviers pour défendre les privilèges de sa maison, non seulement contre des étrangers, mais aussi contre l'abbé et les religieux de Marmoutier eux-mêmes : « A tous ceulx qui ces pntes lres verront ou orront
« Guillaume le coq lieutenant general de noble et puissant
« seigneur Jehan seigneur de Montauban et de tendal conseillier
« et chambellanc du Roy nre sire et son bailli de Cotentin salut.
« Comme des prels proces est pendant aux assises des patronages
« des églises vuides et vacantes de la viconté de Valloingnez par
« entre labbe et couvent de Mairmoutier dune ptie et religieux
« home et honeste frere Rogier de Reviers prestre prieur et
« seigneur de heauville daultre part sur le cas de ce que ledit
« prieur avoit pnte a la cure de saint pierres de bieville certaine
« psonne qui avoit este receu par Reverend pere en Dieu mon-
« seigneur Levesque de Coustances ou ses vicaires en lespirituel et
« le pnte dudit abbé et couvent refluse par quoy de la partie
« diceulx Relligieux avoit este prins et leve ung brief de patron-
« nage ou pntaion deglise sur et a lencontre dudit prieur qu'ilz
« eussent fait deuement exploitter Et sur ce prés aus dittes assises
« ausquelles par Jehan le marchant procureur des dis abbe et
« convent eust este poursuy icelluy brief disant avoir este obtenu
« a bonne cause par ce qu'il eust asseure le droit de pnter a icellui
« beneffice ausdiz abbe et convent a cause de leur église et
« fondaion monstrant coe Aultffois ung prieur nome Gaultier (2)
« prieur en son temps dudit heauville avoit confesse devant
« Levesque de Coustances le droit de pnter apptenir ausdiz abbé
« et qvent mesm que led. prieur estoit ung des prieurs de laditte
« abbee subget et non aiant droit de pnter a aucun beneffice
« offrant que veue fust termée. A quoy ledit prieur eust prins
« delfense disant que a bonne cause y avoit pnte et que le brief
« avoit este mains que deuement prins et que combien que led
« prieure de heauville fust soulz et lune des prieure dicelle abbee
« sy estoit il prieur non rapellable a convent ne a clouestre aiant

<hr>

(1) C'est la seule fois que j'aie rencontré le nom de ce prieur. il est donc impossible d'indiquer l'époque de son passage à Héauville.

« par la la fondaõn dud prieuro toute faculte de pñter toutes et
« quantesfois que les benefíices tant dud lieu de byville heauville
« que helleville vaquent q̄ aultres et quil y avoit toujours pñte
« les cas offers et advenus en fais. apparoir de la fondaõn de la
« diē prieuro par laquelle il disoit faire apparoir que le patron-
« nage et droit de pñter apptenoit a la ditte prieuro ensemble de
« lextrait du livre noir deuemēt approuvo ou le diocesain mettoit
« en escript les droiz de pñter de leveschie par lequel il disoit
« apparoir deuement cõme il estoit vray patron et mesm monstroit
« ung appointement fait entre ung prieur qui fut prieur audit
« lieu de heauville cõme il avoit eu debat cõme patron pour lui
« des benefíices desceleries en sa diē fondaõn et avoit obtenu
« contre le dit abbe disant p̄ ce et aultres raisons quil eust
« desceleries ledit brief avoir esto mins que deuement prins et
« quil nestoit tenu assoier veue veu les escriptures chartes et
« munymens dont il faisoit apparoir. Et que en tant que ledit
« prieur denõme Gaultier qui devoit avoir confesse le droit de
« pñter aud abbe et couvent ny faisoit riens et ne povoit obliger
« ses successeurs et que led pēnreur dud abbe et qvent de
« laquelle peuraõn la teneur ensuit (1) oult dit et alleguié
« plusieurs faiz et raisons par lesquieulx il disoit son dit brief
« avoir esto prins a bonne cause disant veue debvoir estre termee
« et quil nestoit tenu se mettre en jugement ne pledie sans veue
« en fais. offre au principal au dit prieur cest assavoir pour ce
« quil allegoit le droit de pñter lui apptenir tant a ladie cure de
« byville heauville que helleville qui estoient dune essence et qui
« avoit droit de pñter a lune devoit pñter aux aultrez cõme dune
« fondaõn et essence que pour et affin que jamaiz pēces nen fust
« entre les diz abbe et couvent dune ptie et icellui prieur daultre
« que veue fust termee sõmierement et de plain par nobles et
« vavassours selon la coustume du pais pour scavoir et ataindre a
« qui le droit de pñter totallement des dīes cures apptenoit
« pourveu q̄ ledit prieur consentit que le pñte dud abbe

(1) Ici sont citées tout au long la procuration donnée à Jean Lemarchant par
l'abbé et les religieux de Marmoutier, ainsi que les lettres de Charles VI auto-
risant généralement les dits moines à établir des procureurs pour suivre leurs
affaires, procès et autres. Comme la sentence que nous transcrivons, ces deux
pièces ont été extraites du cahier de M. de Gerville, dont nous avons déjà parlé
dans une note.

« demourast cest assavoir pierres du port, clerc....... scavoir
« faisons es assises tenues a Valloingnes p̄ nous lieuten̄ dessus
« nōme le xvııı^e jour de may lan mil IIII^{xx} cinquante et ung
« continuee des jours p̄cedens des dīes assises apres icelle veue
« līte prononchie et soubstenue par les diz nobles et vavassours
« dont les noms ensuient : cest assavoir Andrieu heusey,
ı Guillaume Hellepicquet, Guillaume du bruille et Colin du
« Bosq escuier, Thomas espaillart Guillemet moulin, Guieffroy
« melingue, perrin le fevre, Raoul fortin, Raoul du Sausoy,
« phīle de surtainville, thās mabire et Ricart Simon et que iceulx
« ourent este passes sans saōn icellui p̄cureur et attīne desd abbe et
« convent dune part et ledit prieur daultre Et que icellui p̄cureur
« repparant au p̄pos par luy aultffois fait oult dit que ausd abbe
« et convent app̄tenoit de plain droit le droit de p̄nter o iceulx
« trois beneffices par avant p̄nte les cas offers et advenus disant
« p̄ ce et aultres raisons dessus touchies son brief devoir sortir
« effect Et que icellui prieur oult dit et soubstenu le contraire
« disant que a luy appartenoit a p̄nter p̄ raison de son dit prieure
« et non obstant quil fust soubz la ditte abbee aux dittes cures et
« y avoit p̄nte et ses p̄decesseurs les cas offers et advenus offrant
« en attendre lenq̄te combien quil eust peu deffendre veu les
« chartes fondāons et escriptures dont il sestoit aide et aidoit mez
« le faisoit pour estre hors de tous p̄ces pour le temps advenir et
« pour quil feust recongneu et traittie des diz beneffices ensembles
« et que proces nen fust jamais. Sur quoy et apres plusieurs faiz
« es Raisons alleguies p̄ chūn desd parties appointement est fait
« en la Rellāon de la ditte enquēte su savoir a qui le patronnage
ı et droit de p̄nter esdittes trois cures appartenoit et quil oult este
« trouve veu la dīe p̄curāon dessus transcripte que ledit p̄cureur
« povoit bien contendre et appointier de iceulx ainsi decider et
« estoit le bien de toutes les parties p̄ quoy et p̄ ladvis des saiges
« coustumiers et de la decord des dīes p̄ties furent les gens de la
« ditte enquete jures de dire et rapporter verite sur les faiz dessus
« diz affermes p̄ chūn des dittes p̄ties qui leur furent verites les
« quiculx sur ce sallerent conseillier a part Et apres longue
« espace de temps du retour de leur conseil nous rapporterent
« tous acordablement sans descord daucun que audit prieur p̄ rai-
« son de la fondāon dudit prieur? lui appartenoit a p̄nter a tous
« et a chūn diceulx beneffices et ainsi ladvoient fait ses prede-

« cesseurs les cas offerts et advenir et non aud abbe et convent
« veu lequel rapport ledit procureur des diz abbé et convent fut
« amende, p̄ laquelle amende ledit prieur attaint que p̄ la condi-
« tion dess. ditte ledit pierres du port p̄nte p̄ ledit abbe seroit dit
« demourer a son droit ainsi que loffre que dessus faitte par ledit
« p̄cureur estoit convenu et auxi seroient deboutes lesd abbe et
« convent de p̄nter pour le temps advenir a iceulx beneffices. Et
« que le droit et patronnage demouroit aud prieur et ses succes-
« seurs pour le temps advenir au droit et ainxi que dit est. A
« quoy veu led rapport icellui p̄cureur mist son consentement,
« delaquelle chose led prieur nous requist ces p̄ntes que nous lui
« advons adcordee pour lui servir ce qu'il appartient toutes et
« quantesfois que mestier sera. En tesmoing des q̄lles choses nous
« advons icelles scellees de n̄re scel dont nous usons eudit office
« de lieuten̄ en lan jour et assise dessusd. Et pour Grigneur
« approbaon̄ y advons fait mettre le scel des obligaon̄s de la
« viconte dudit lieu de Valloingnes. Aussi signé : G. le Coq. »

Réédification de la chapelle du prieuré. — Il faut croire que le
relèvement du prieuré d'Héauville, entrepris par Thomas Dancel
en 1398, n'avait pas été complet, autrement le demi-siècle qui
venait de s'écouler aurait, lui aussi, été fort dur pour les nouveaux
bâtiments de ce prieuré si de nouveau ils avaient été réédifiés à
l'époque indiquée, car : « Richart du Mesnil lieuten̄ en la viconte
« de Valon̄ de noble homme pierre de Cugnac, escuier seignour
« de bellancourt et de nesle, maistre enquesteur et reformateur
« des eaus et foretz du roy n̄re se en normendie et picardie au
« verdier de Valon̄ ou a son lieuten̄ salut. Religieux homme et
« honneste n̄re Rogier de Reviers prieur du prieuré de heauville
« nous a expose quil lui est necessité davoir et prendre du bois es
« foretz de brix pour la reffection de la chapelle dudit prieuré de
« p̄nt tornee en caducon̄ disant que en icelles foretz il a droit de
« ce faire au moien de la fondacon̄ dudit prieure Et pour ce quil
« doubte que par vous les sergens de la dite verderie il fust en ce
« empesch̄ soubz umbre de non avoir expedie et fait delivrer sa
« d̄te droitture que bonnement na peu faire obstant que ses T̄res
« fais. de ce mencon̄ sont en la garde de Reverend pere en Dieu
« labbe de marmoustier son pere abbe nous a requis sur ce
« p̄vision et congie de prendre et avoir du bois es d̄es foretz a la
« fin que dessus. Nous ces choses considerées audit prieur avons

« donne congie de prendre et avoir du bois en icelles foretz pour
« emploier en la repacōn de sa dīe chappelle et par ce moyen
« ledit prieur sest submis faire exped. dedens les prochains jours
« lad droicture devers mond s^r le maistre ou son lieutenant. Et
« vous mandons que pour cause de larrest ou empeschī qui avoit
« este sur ce mis vous ne donnes au dit prieur ses gens et servi-
« teurs aucun arrest ou empeschī mes lui laissies jouir et user de
« ce pnt congie p̄ les termes que dessus. donne au dit lieu de
« Valoignes le second jour de juing mil IIII^ccLVI. Ainsi signé :
« R. du Mesnil, G. hervieu (1). »

Et sans perdre de temps Roger de Reviers, usant du congé à lui
accordé par R. du Mesnil, fit abattre du bois pour rétablir sa
chapelle; mais il n'avait sans doute pas pris soin de signifier, dans
les formes, aux autorités forestières la licence concédée, car au
mois de janvier suivant il se présentait devant le lieutenant
général de Pierre de Cugnac « porteur dune dolleance sur Pierre
« du Siquet verdier de Valloingues que lavoit taxe en amende
« cōme se il ne fust pas franc non obstant que led prieur fust
« tourne devers le lieutenant particullier en lad viconte de mond
« s^r le maistre et obtenu congie. » Heureusement le lieutenant
général était, lui aussi, convaincu des droits et de la bonne foi de
« vénérable et discrette personne frē Rogier de Reviers », l'amende
fut levée malgré les instances du lieutenant de Pierre du Sicquet,
et les privilèges du prieur de nouveau reconnus, à condition
toutefois d'en fournir au plus tôt les preuves écrites. Ce qu'il fit
de bonne grâce, quand de Marmoutier on voulut bien lui en
fournir les moyens, mais ce fut seulement le 30 juin 1460, devant
Raoul de Tilly, verdier de Cherbourg.

XIX

PIERRE FERONNET (1472-1484)

Les procès soutenus par Roger de Reviers valurent une vie
paisible à Pierre Feronnet (2) pendant les douze années de son
priorat.

(1) Extrait du cahier de M. de Gerville, signalé plus haut.
(2) *Notes hist.*, R. C. N., n^os du 15 sept. 1808, p. 150 et 152, et du 15 nov^e
p. 215. T. P., 62-64.

Se rapportant à cette époque, j'ai tout récemment trouvé parmi les documents m'appartenant une pièce qui ne manque pas d'intérêt en ce sens qu'elle nous fournit authentiquement le nom des habitants d'Héauville assis à la taille pour l'année 1480 et qu'en même temps elle nous fait connaître la proportion de leurs fortunes, la voici : « Assiette faitte en la p̄roisse de hiauville p̄ « Guiffroy feronet, Ŕchart Symon et Colin Coulubel a ce..... « esleus p̄ les ĥmes de lad p̄roisse pour fair lad assiette..... et « deubment jures p̄ mss^re pierre Guillot p̄bre chapelain dud lieu « en ensuyvant les ordēnances sur ce faittes de la sōme de trois « cens quat^e vings livres..... En salaire du collecteur, faschon et « sygnature des roulles pour livres x d et portion de l'aide mis « sur pour le Roy nostre s^re....... Le premier janvier l'an mil « IIII^ccIIII^xx, Rosle dessus faitte selon le bordereau et baillie « acueillir a Colin Coulumbel.

p̄rmirm̄ent

« pierres le bourgeois....	LIX livres	
« Guiffroy feronnet......	XLII livres	
« Jacquet Loste.........	XXXV livres	X s.
« Richart Symon......,.	XXXI livres	
« Richart le conte.......	XXXII livres	
« laurent lemachon	XXV livres	V s.
« prīn messent..........	XXIV livres	XV s.
« Raoul bonamy........	XXVI livres	X s.
« Colin ligier...........	XXVII livres	
« prīn ligier............	VIII livres	
« Jehan haize lesné......	VII livres	
« Jehan lemounier......	III livres	XV s.
« Jehan le chevalier.....	III livres	XV s.
« jehan moulin.........		illisible
« Colin Guillot..........	VI livres	V s.
« jehan hamelin	XII livres	XIII s.
« Giret lecarpentier......		XIV s.
« denis larchier.........	VII livres	V s.
« johan leroumy		XL s.
« jehan lefrant..........	XI livres	X s.
« michel moulin........	VI livres	V s.
« jehan meslin..........		XX s.

« jehan haize. . . . .   vint deulx soubz vi d,
« benest du Val. . . . .   illisible

p̄ultīmet

« S̄ome ur̄ur̄ur̄xx l. xv s. vi d. Approuve et receu la collection
« Colin Colombel..... le xᵉ jr de mars lan mil CCCC IIIIxx. Signé :
« Riolay. »

Le roi notre sire, au nom duquel étaient levés la taille et l'aide,
dont il s'agit ici, était Louis XI, qui soutenait alors contre Maxi-
milien d'Autriche, époux de Marie de Bourgogne, une guerre
importante pour l'avenir de la France, mais qui, malheureusement ne produisit pas tous les résultats que le roi en espérait.

XX

PIERRE DUPONT (1484-1488)

Ce nouveau prieur eut dès son début à recommencer pour les
forêts le travail qu'avait fait Rogier de Reviers (1).

XXI

PIERRE HENRY (1488-1523)

Pierre Henry, outre les procès que nous lui avoi.. vu soutenir (2)
pour la défense des droits de son prieuré, eut à ... ir un nouvel
assaut des abbé et couvent de Marmoutier à prop.. ..ette fois du
droit de présentation à l'église d'Héauville. Moins ..ureux que
Roger de Reviers pour Biville, Pierre Henry eut u.. ..oment le
dessous (3), ce qui semble incompréhensible en ... ..ce de la
sentence si claire rendue ès assises du 18 mai 1451. I. ..e tarda

<hr>

(1) *Notes hist.*, *R. C. N.*, nᵒ du 15 nov. 1808, p. 216-220 et T. P., (.. 68.

(2) Même ouvrage, nᵒ du 15 nov. 1898, p. 220 à 227, puis nᵒ du 15 i.. .. 1899,
p. 259-264, T. P., p. 68-80.

(3) Voir le résumé de cette affaire aux *Notes hist.*, *R. C. N.*, nᵒ du 15 no.. 1890,
p. 234, en note, et T. P., p. 97 (note). Gaiguières, ms. lat. 5444, I, p. .. .. et
204, rapporte aussi ce procès. Il faut cependant remarquer qu'il donn.. ..x
lettres de l'évêque de Coutances la date du 20 janvier 1490 et qu'il a ra.. .,
l'année ne commençant pas alors en janvier.

*

pas pourtant à rentrer dans ses droits, puisque dans la suite il présenta lui-même plusieurs fois à la cure d'Héauville (1).

Nous n'avons rien trouvé de nouveau au sujet des quelques prieurs suivants; nous rappellerons leur nom seulement pour établir la succession (2) :

XXII

CHRISTOPHE DU MOUSSAY (1523-1538)

XXIII

NICOLLE DE SAINT-FRANÇOIS (1538-1541)

XXIV

NICOLAS GEROESME (1541-1543)

Ce fut le premier prieur commendataire.

XXV

GUILLAUME GÉROESME (1541 jusque vers 1560)

XXVI

ROBERT FABIEN (depuis vers 1560-1576)

XXVII

FERRAND LE BOURGEOIS (1576-1581)

Il en serait de même du suivant, neveu et successeur du précédent,

(1) *Notes hist.*, R. C. N., n° du 15 nov. 1899, p. 231 (note), et T. P., p. 96 et 97, en note.
(2) Voir à leur sujet les *Notes hist.*, R. C. N., n°° du 15 mars 1899, p. 361-368, puis n° 15 sept., p. 120-131; 15 nov., p. 232-243, et T. P. de la p. 80 à p. 113.

XXVIII

ROBERT LE BOURGEOIS,

prieur de 1581 à 1595 (1), sans une note communiquée par M. de Gerville et qui nous est parvenue par M. L. Delisle, laquelle note signale l'époque exacte de la résignation de Mre Robert et nous fait connaître le nom de son remplaçant :

XXIX

★ PIERRE LECHEVALIER (1595-1606)

« D'après la résignation de Robert le Bourgeois, clerc, Pierre
« Le Chevalier, clerc, demande au pape d'être pourvu du prieuré
« de St Germain de Héauville. Concessum ut petitur..... Datum
« Rome apud sanctum Marcum octavo Kl. Aug. A° III°. » Et
« Nicolaus de Briroy Constantiensis designatus eps..... d'après la
« resignaōn de Rob. le Bourgeois, acceptée par le pape le 8 des
« Kal. d'aout l'an III de Clément VIII. Auditis insup̄. mag. Jo. le
« Queurey et Johe Guilleau pb̄ris notariis publicis... Constanc. etc.
« tibi Petro le chevalier..... commendamus dūm prioratum.....
« nous mandons au doyen de la Hague de t'en mettre en posses-
« sion..... die xx^a julii 1595, pn̄tibus nobili et discreto viro magr̄o
« Francisco de Camprond dyacono curato de Marchesiaco et mag.
« Adamo le petit pb̄ro priore curato de Savigneyo testibus (2). »
Toutefois le nouveau titulaire n'entra en possession que dans le commencement de l'année suivante, car :

« A° M.D.XC.VI die quinta mensis Januarii, ego..... decanus
« decanatus de hagua posui..... Petrum le chevalier, cl̄icum in
« possessionē corporalem..... prioratus S^ti Germani de Heauvilla. »
Il y resta jusqu'en juillet 1606 et c'est à lui que succéda

(1) *Notes hist., H. C. N.*, n° du 15 janv. 1900, p. 301-310, et T. P., p. 107-113.
(2) L'original communiqué par M. de Gerville portait traces du sceau qui était sur double queue en parchemin.

XXX

JACQUES HERVIEU, sieur DE MONTHUCHON (1) (1606-1614)

C'est ce que nous apprend une note extraite du registre des
collations de l'évêché de Coutances, par M. Leroux, vicaire général
et archidiacre, auquel nous la devons avec beaucoup d'autres,
qui vont nous servir à redresser quelques inexactitudes, à préciser
les dates d'entrée en possession de plusieurs commendataires cités
dans les *Notes historiques* et même faire connaître le nom de
certains autres que ne nous avaient point fourni les documents
étudiés pour notre ouvrage primitif.

Merci donc à M. Leroux du sympathique intérêt dont il honore
nos humbles travaux et des renseignements si sûrs qu'il nous a
souvent procurés avec une libéralité qui, comme on le voit, ne se
lasse point.

Voici la note relative à Jacques Hervieu, appelé Gilles dans le
décret épiscopal, qui de plus, je ne sais pourquoi met le prieuré
sous le vocable de saint Germain, ainsi d'ailleurs que la chancelle-
rie de Coutances le fait dans la plupart des actes qui seront cités :
« Le dernier jour de juillet 1606, l'évêque de Coutances décrète
« que collation *in forma de visa* est faite à Gilles Hervieu, écuyer
« clerc, du diocèse de Coutances, pourvu par l'autorité aposto-
« lique du prieuré de St Germain d'Héauville, de l'ordre de
« St Benoit, selon la signature sur cela a lui concédée en Cour de
« Rome moyennant cession, résignation et demission de Mre Pierre
« Le chevalier dernier commendataire faites en Cour de Rome
« et admises en date : Apud Sam Petrum Idib. Martii anno primo »
du pape Léon XI. Et « le mercredi jour pénultième d'aout
« Thomas Homo, prêtre doyen de la Hague, curé de Bran-
« ville met Jacques Hervieu, clerc, en possession corporelle,
« réelle et actuelle du prieuré St Germain d'Héauville de l'ordre
« de St Benoit par l'entrée des portes de la chapelle dudit prieuré,
« l'attouchement de l'autel, des ornements, l'entrée de la maison,
« etc. »

A cette mise en possession étaient présents Mre Jean Lechevalier,

---

(1) Monthuchon, dont il s'agit ici, était un fief assis en Sauxemesnil.

prêtre, curé de Héauville, noble homme Robert Lebourgeois, seigneur temporel et patron du lieu, Nicolas Lebourgeois, seigneur temporel de la Marinière, Olivier des Moustiers, seigneur du Buysson, Michel Symon, etc. (1).

XXXI

GILLES DE RAVALET (1614-1615)

Le successeur de Mre Jacques de Monthuchon fut (1614), comme nous l'avons indiqué (2), Gilles Ravalet, qui ne tint le prieuré qu'environ une année, après laquelle il démissionna en faveur de

XXXII

★ NOEL PASTEY (1615-   )

à qui « par décret de Briroy vicaire général est faite, le « 14 mars 1615, collation *in forma de visa* de la provision du « prieuré de St Germain de Héauville, selon une signature con- « cedée audit Me Noël Pastey, clerc, en Cour de Rome près « St Pierre en date du 9 des calendes de janvier année 10e » du même Léon XI.

Jusqu'en quelle année Mre N. Pastey conserva-t-il la commende d'Héauville? Question difficile à résoudre, car nous nous retrouvons ici en présence de cet imbroglio que nous avons intitulé : *Une fournée de prieurs* (3) et dans lequel nous voyons s'agiter en 1624 Mre Joachim Néel, qui résigne en 1625 à Mre Guillaume Girard. Intervient alors un ancien titulaire, Jacques Hervieu, cédant ce qu'il croit encore avoir de droits à Mre Philippe Riolan. Celui-ci entreprend aussitôt en justice contre G. Girard une lutte aux incidents aussi curieux que longtemps renouvelés, puisqu'une note du registre des collations, citée plus loin, nous apprend que ce procès dura jusqu'en 1637, époque en laquelle il prit fin par la cession simultanée des deux compéditeurs.

(1) Voir ce que nous avons rapporté de ce Mre Jacques Hervieu aux *Notes hist.*, *R. C. N.*, n° du 15 janv. 1900, p. 310 puis 318, et T. P., p. 114 et 122.

(2) Voir le même ouvrage, n° 15 janv. 1900, p. 310, puis p. 321, et T. P., p. 114 et 125.

(3) *Notes hist.*, *R. C. N.*, n° 15 janv. 1900, p. 311, et T. P., p. 115.

Mais ce même registre des collations nous apprend aussi que pendant ce temps-là le prieuré ne chômait point de prieurs; il nous en nomme deux dans le visa suivant (1) daté du 12 septembre 1629 : « A. de Briroy, vicaire général décrète que collation « *in forma de visa* de la provision du prieuré de Héauville..... est « faite à Mre Emmanuel Sacardy du diocèse de Chartres, suivant « la signature apostolique de la dite provision lui accordant la « commende de ce prieuré, moyennant la résignation de religieux « homme frère Thomas Chavigny, profès de l'ordre de Saint- « Benoît, faite et admise en date à Rome, près Saint-Pierre, le « cinq des ides de février, année sixième » (du pape Paul V).

« Collation donnée seulement à la conservation du droit et sous « ordonnance de l'arrangement accepté, au nom du dit Sacardy, « par son procureur Louis Fodendey, à savoir que chaque année « une somme de cinq cents livres tournois de monnaie ayant « cours au royaume de France, assurée sur tous et chacun des « fruits ou revenus du prieuré sera dépensée à restaurer les « édifices de cette maison. Et Mre Emmanuel sera tenu d'exécuter « et parfaire cette restauration dans les cinq ans qui vont « s'écouler à compter de ce jour et de la poursuivre jusqu'à ce « qu'elle soit jugée complète par le vicaire général susnommé. « En sûreté de quoi Mre Sacardy, avant de prendre possession, « déposera, à la cour épiscopale, une caution suffisante. Et si les « réparations voulues n'ont point été faites dans le temps marqué, « collation et provision cesseront leur effet, comme il est plus « amplement expliqué en la dite signature. »

Ces précautions de la Cour de Rome et de l'autorité diocésaine ne font guère l'éloge du désintéressement des commendataires, ni du soin qu'ils apportaient à l'entretien des maisons à eux confiées. Ce n'était que justice et ces messieurs ne méritaient très généralement que défiance sous ce rapport.

LOUIS LEBOURGEOIS

Avec la note suivante, que nous annoncions plus haut, nous nous retrouvons en présence des intrépides plaideurs Philippe Riolan et Guillaume Girard, qui semblent n'avoir jamais eu même

(1) Ce visa nous est parvenu presque tout entier en latin, nous n'en donnerons pourtant que la traduction.

la triste consolation des naïfs dont parle La Fontaine : ces derniers
du moins eurent chacun leur coquille, et malgré les arrêts des
cours et parlements, Riolan et Girard paraissent n'avoir fait que
dépenser un argent inutile, tandis que d'autres vivaient paisiblement des revenus qu'ils voulaient conquérir. Ils s'en ennuyèrent
enfin, c'est pourquoi sans doute : « le 12 décembre 1637 M^re Le
« Pileur, vicaire général, décrète collation *in forma de visa* être
« faite du prieuré de St Martin de Héauville à noble et discrète
« personne Mre Louis Le bourgeois, clerc, du dioc. de Cout. selon
« la signature apostolique à lui concédée en Cour de Rome, par
« cession et renonciation de M^res Philippe Riolan, clerc et
« Guill^e Girard, prêtre, ayant droit au dit prieuré ou prétendant
« avoir droit, comme il est contenu en latin dans la signature
« expédiée à Rome apud S^am Mariam maiorem 16° Kal. Julii
« anno 14°; cui quidem Lebourgeois facta fuit collatio praedicti
« prioratus absenti. »

Et maintenant quel rang assigner à ce nouveau possesseur?
Problème assez ardu après ce que nous avons dit. Il me semble
pourtant qu'on puisse admettre dans la série Joachim Néel qui
serait alors le XXXIIIe; peut-être pourrait-on compter comme
XXXIV° Mre G. Girard, puisque le baillage de Cotentin paraît
l'avoir envoyé en possession bien que deux ou trois ans après
P. Riolan soit venu contester la valeur de cet acte. Et c'est sans
doute au commencement de leur litige que frère Thomas Chavigny
reçut la commende de notre prieuré; disons qu'il fut dès lors le
XXXVe prieur connu. Donnons le XXXVIe rang à son successeur
Sacardy, qui sans doute le garda jusque dans les environs du
temps auquel Louis Lebourgeois, âgé de dix-sept ou dix-huit ans,
obtint la cession signalée dans le visa de M^re Le Pileur.

Admettons donc que notre nouveau prieur fût le

XXXVII°

rencontré dans nos documents. Il ne garda pas longtemps cette
charge, puisque, le 13 janvier 1640, il n'en avait plus le titre
quand on le pourvut de la cure d'Héauville (1). Qui l'avait
remplacé? Probablement ce sieur de la Roche dont il est question

(1) *Notes hist.*, R. C. N., n° du 15 janv. 1900, p. 313, et T. P., p. 116.

dans cette enquête de procédure sur les dîmes de Biville, au début
de laquelle Mre Gabriel Mignot vient nous apprendre (1656)
qu'assez récemment il avait résigné le prieuré d'Héauville en faveur
de Louis Lebourgeois, qui se trouva titulaire de cette commende
une seconde fois pour laquelle il peut ici prendre le XXXXe rang
dans la série des prieurs, si toutefois les sieurs de la Roche et
Mignot ne sont point une seule et même personne (1). Ce second
priorat de Louis Lebourgeois fut très long; son frère Charles (2)
qui, pendant ce temps-là (3), lui avait gardé le grand décanat
d'Avranches, le lui rendit le 4 octobre 1677 et le remplaça à
Héauville « le 28 novembre 1677 Charles-François de Lomenie de
« Brienne, évêque de Coutances, *in forma de risa* confère à
« Mre Charles Lebourgeois, prêtre du ... cèse de Coutances, par la
« résignation entre les mains du Pape, de Mre Louis Lebourgeois,
« dernier possesseur, le prieuré de St Germain de Héauville. »

(1) Une importante famille bourgeoise de Cherbourg du nom de *Mignot* a pris
quelquefois ce titre *de la Roche* à la suite d'une alliance avec les Quévastre
auxquels il appartenait dès le xvie siècle.

(2) A propos de ces deux frères, nous avons dit aux *Notes historiques*
(R. C., N., n° du 15 janv. 1900, p. 312, et T. P., p. 116) que successivement ils
avaient débuté par être titulaires de la chapellenie de Sainte-Julie-de-Ducy
(diocèse de Bayeux), qui était à la nomination de d^lle Marie de Mathan, dame
de Ducy, leur mère; bénéfice qu'il ne faut pas confondre avec Sainte-Margue-
rite-de-Ducy, bénéfice-cure important, puisque la partie dépendant de Blanchelande valait plus de « mille écus » à ce que nous apprend une lettre
(janvier 1782) de François de Beaussin, chanoine prémontré dépensier de la
dite abbaye, qui désirait en être pourvu. Nous avons trouvé cette lettre parmi
les pièces composant le chartrier de la seigneurie des Mesnils. Cette sieurie
assez considérable, dont le chef était assis en Sainte-Honorine-du-Fay (Calvados,
arrondissement de Caen) et qui s'étendait sur presque toute cette paroisse ainsi
que sur celles de Troismonts, Bretteville et « illec-environs », dépendait des
évêques de Bayeux sous la baronnie de Douvres. Elle était possédée à la fin du
xviiie siècle par les Grosparmi, mais passa ensuite par des mariages d'abord aux
Dubois, puis d'eux aux Couret qui, à la fin du xviiie siècle, étaient aussi
seigneurs d'Anfernet; enfin le fief des Mesnils échut en héritage (1787) à
Geneviève de Beaussin, dame de Chalembert, et cette dernière étant morte
sans héritiers directs, ses biens furent partagés (1816) entre divers parents. —
Le chartrier en question, qui sans être complet est encore relativement considérable, renferme des documents intéressants pour l'histoire locale de ces
quartiers. Il m'a été remis par un de mes amis, M. Jules Gardin, propriétaire à
Cherbourg, arrière-neveu de la dame Beaussin de Chalembert.

(3) Voir, *Notes hist.*, R. C. N., n° du 15 janv. 1900, p. 315, et T. P., p. 119,
les raisons de ces arrangements.

Ce fut donc à Charles et non à Louis Lebourgeois que succéda

Mre RENÉ-VERCINGÉTORIX DE GOURMONT DE COURCY (1)

car, « le 3 mars 1680, Ch. F. de Lomenie de Brienne confère le
« prieuré de St Germain d'Héauville vacant par la démission de
« Mre Charles Lebourgeois ptre dernier possesseur, à Mre René de
« Gourmont du diocèse de Coutances..... » La dite résignation de
Charles Lebourgeois avait eu pour cause « la permutation du
« prieuré contre la chapelle de St Jacques dans l'église paroissiale
« de Fontenet du diocèse de Coutances. »

M. de Gourmont mourut le 5 mars 1746. Pour les quarante-trois
ans qui séparent cette mort des temps de la Révolution et de la
laïcisation du prieuré d'Héauville, nous n'avons point retrouvé
d'autre nom que, sous la date de 1770, celui de M. Dagué (2). Et
ce fut à peu près sûrement le dernier titulaire de cette antique
maison religieuse, qui, au milieu des vicissitudes humaines, avait
vécu comme telle environ sept cent soixante-dix ans.

(1) Même ouvrage, n° du 15 mars 1900, p. 151, et T. P., p. 129.
(2) Ibidem, p. 153, et T. P., p. 130.

TABLE

XIIIe prieur : * *Philippe de Mortevilliers.* — Charte de Guillaume de Thiéville, évêque de Coutances, au sujet de ce prieur, 37 et 38.

XIVe prieur : * *Thomas Dance ou Dancel.* — Désastres de la guerre de Cent ans. — Sentence rendue au profit du prieur d'Héauville constatant à la fois ses droits aux forêts et la ruine de son prieuré, 39 et 40.

XVe prieur : * *Jean Bourrey.* — Aveu rendu par lui, 40 et 41.

XVIe prieur : *Geoffroy de Slay.* — Son accord avec le gouverneur de Cherbourg, 41, — Aveu du prieuré, 41 et 42.

XVIIe prieur : *Philippe de Varennes*, 42.

XVIIIe prieur : *Roger de Reviers.* — Sentence rendue en sa faveur, contre les abbé et couvent de Marmoutier, au sujet d'une présentation à l'église de Bivi , 43 à 46. — Réédification de la chapelle du prieuré, 46 et 47.

XIXe prieur : *Pierre Feronnet*, 47. — Noms des Héauvillais de 1480 assis à la taille, 48.

XXe prieur : *Pierre Dupont;* — XXIe : *Pierre Henry*, 49. — XXIIe : *Christophe du Moussay;* — XXIIIe : *Nicolle de Saint-Francois;* — XXIVe : *Nicolas Geroesme;* — XXVe : *Guillaume Géroesme;* — XXVIe : *Robert Fabien;* — XXVIIe : *Ferrand Le Bourgeois*, 50. — XXVIIIe : *Robert Le Bourgeois*, 51,

XXIXe prieur : * *Pierre Lechevalier;* — collation à lui donnée par Nicolas de Briroy, 51.

XXXe prieur : *Jacques Herrieu;* — collation et mise en possession, 52.

XXXIe prieur : *Gilles Ravalet*, 53.

XXXIIe prieur : * *Noël Pastey;* — collation, 53.

XXXIIIe prieur : *Joachim Néel;* — XXXIVe : *Guillaume Girard;* — XXXVe : Frère *Thomas Chavigny;* — XXXVIe : *Emmanuel Sacardy*, 53 à 55.

XXXVIIe prieur : *Louis Le Bourgeois;* — collation à lui faite du prieuré, 55.

XXXVIIIe prieur : le sieur *de la Roche*, 55.

XXXIXe prieur : *Gabriel Mignot;* — XLe : *Louis Le Bourgeois*, prieur pour la seconde fois; — XLIe : *Charles Le Bourgeois*, reçoit de Mgr de Brienne collation du prieuré, 56.

XLIIe prieur : *René de Gourmont de Courcy*, 57.

XLIIIe et dernier prieur connu : l'abbé *Dagué*, 5

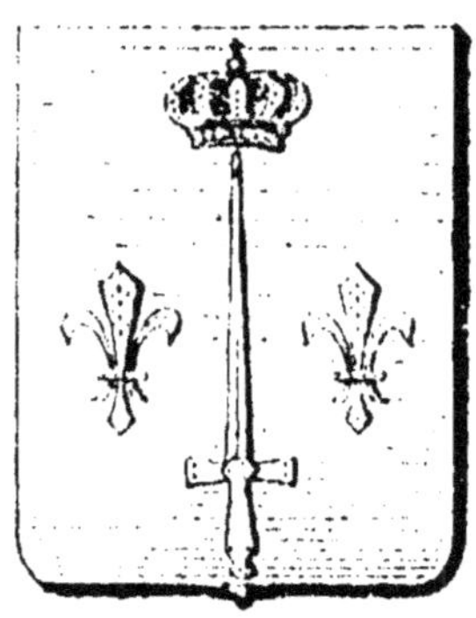

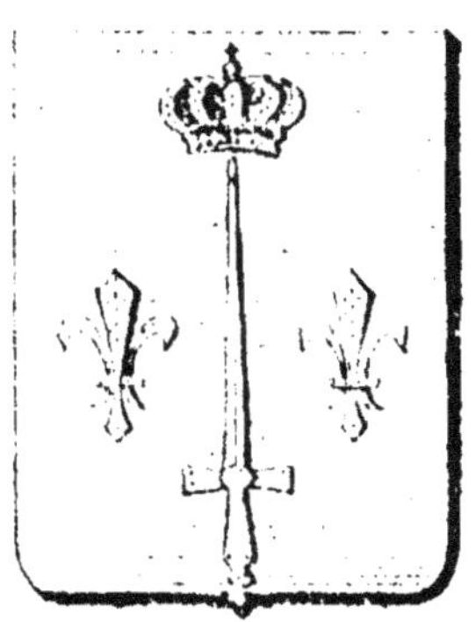

Évreux. — Imp. de l'Eure, L. Odieuvre, 4 bis, rue du Meilet.